# ブックレット
# 形態論概説

西原 哲雄 [編]

工藤 和也・依田 悠介 [著]

## BOOKLET
### A Survey of Morphology

開拓社

# まえがき

　本書は,『ブックレット概説シリーズ』の一巻として刊行されたものである。本シリーズは英文科, 英米語学科, 英語教育学科, 国際学部などの学部や学科において英語学や言語学を専門科目として履修する学生諸君を対象としており, その中でも本書は形態論・語形成の分野に焦点を当てた概説書兼入門書である。

　本シリーズは, 基本的には半期での使用を想定しており, サイズはコンパクトで, ページ数も最小限にとどめてはいるが, 英語学の各分野に関わる (本書では「形態論」), 基本的な概念からそれぞれの用語を説明しながらも, 最新の研究成果を盛り込むようにも努力した。本書では, 西原が全体の編集作業等に関わり, 工藤和也氏, 依田悠介氏の2氏に全7章 (「序章」を含む) にわたって形態論・語形成についての執筆をお願いした。なお, 執筆者の依頼については中村浩一郎氏 (兵庫教育大学) にご協力をいただいたことについて記して感謝したい。

　本書は, 基本的には第1章から読み始めていただくことをお勧めするが, それぞれの章から読み始めていただいても, 十分にその内容を理解できるように工夫をしたつもりである。各章では, この形態論の分野を専門とされている新進気鋭の若手研究者の2氏に執筆をしていただき, 専門分野の内容は, 初歩レベルの読者から中級及び上級レベルの読者にいたる方々にも十分に満足していただけるような構成となるように配慮した。

　最後に, 本シリーズの刊行に快諾をしていただき, 常にサポートをしていただいた開拓社の川田賢氏に心から感謝申し上げる。

　　2024年　晩夏　　　　　　　　　　　　編集代表　西原哲雄

# 序　　章

　本ブックレットは，言語における語の成り立ちについて分析する形態論の研究内容を概説するものである。英語を中心に豊富な用例を示し，最近の研究動向も踏まえながら，語を研究する際にどのようなことを考えなければならないかを平易に解説している。本章では，各章の内容を簡単に紹介する。なお，本書では第 1〜4 章を工藤，第 5〜6 章を依田が執筆している（ただし，1.4 節と 1.5 節は共著である）。

　第 1 章では，語について具体的に分析する前段階として，語に関わる基本的な概念について解説する。特に，形態論と統語論の棲み分けを仮定する伝統的な文法モデルの下，派生接辞と屈折接辞を分けたり，語と句を区別することの必要性を指摘する。その上で，語が通言語的に同じ形態を持つわけではないことや，語の定義についての問題を示し，形態論が解決すべき諸課題について言及する。

　第 2 章では，英語に見られる様々な語形成過程を概観する。特に，生産性の高い複合，派生，転換の具体例を見ながら，英語で実際にどのような語形成が行われているかを確認し，語が単に辞書に載っているような静的なリストではなく，動的に作られる対象であることを理解する。また，生産性の低い短縮，混成，逆形成，頭文字化についても一通りの例を挙げ，単語を形成し理解するという人間の言語能力の幅の広さを示す。

　第 3 章は語の内部構造の分析である。前半では，複合語と派生語を中心に，右側主要部の規則やレベル順序付けの仮説など，合成される要素の組み合わせ方に関する種々の制約を紐解いてい

く。後半では，語形成に統語構造が関わると考えられる動詞型複合語や語の編入の事例を紹介し，形態論の研究が語彙部門だけでなく，統語部門とも密接に関連していることを明らかにする。

第4章では，語彙意味論の手法を用いて，語の意味について分析する。概念的意味と含蓄的意味の区別など，語の意味分析に必要な概念を紹介した後，複合名詞，動作主名詞，名詞転換動詞など，語形成に意味が深く関与する現象を取り上げ，それぞれにどのような意味的な特徴があるかを，項構造，語彙概念構造，特質構造などの理論的なデバイスを用いて具体的に説明していく。

第5章では，生成文法における統語論の手法を取り入れた新しい形態論の理論である分散形態論の概説を行う。分散形態論は伝統的な形態論で仮定されていた語彙部門と統語部門の区別を破棄し，語形成を単一のメカニズムで処理しようとする。ここでは，特に派生と屈折という2つの語形成に注目し，これまで異なる扱いを受けてきた両者に対して，分散形態論ではどのような扱いをするのかを説明する。

第6章では，分散形態論の近年の展開を2つ紹介する。1つ目は，通言語的な形容詞の原級・比較級・最上級の活用パターンについて，分散形態論が個々の語彙の変化を超えて言語のシステム自体を捉えられる可能性があることを示す。2つ目は，分散形態論が語彙部門を破棄したことにより生じる新たな問題とその解決方法について，日本語の複合語の形成を例に議論する。

最後に，本書の読者に向けてメッセージがある。本書は形態論の概説書兼入門書という性格上，長年の研究で明らかになった事実を中心に述べるが，本書で紹介する規則や制約には必ずと言ってよいほど例外が存在する。その一部は本書でも取り上げるが，多くは未解決のまま取り残されている。その意味では，形態論はまだまだ分かっていないことが多い未開拓の学問領域である。ま

た，紙幅の都合上，本書は英語を中心に取り上げ，日本語の考察はあまり行っていない。したがって，読者諸君にはぜひ本書で紹介する規則の例外や，英語に対応する日本語のデータを探してもらい，個々の現象に対しても今までとは異なる説明方法を考えたりして，語を分析することの難しさと面白さを体験していただきたい。

# 目　次

まえがき ……………………………………………………… *iii*

序　章 ………………………………………………………… *iv*


第1章　語の基本概念 ………………………………………… *1*
  1.1.　形態論とは何か　　　　　　　　　　　　　　　*1*
  1.2.　形態素の種類　　　　　　　　　　　　　　　　*2*
  1.3.　語と句の違い　　　　　　　　　　　　　　　　*7*
  1.4.　形態論から見た言語の類型　　　　　　　　　　*13*
  1.5.　語の不思議　　　　　　　　　　　　　　　　　*17*


第2章　様々な語形成 ………………………………………… *24*
  2.1.　語形成の種類と生産性　　　　　　　　　　　　*24*
  2.2.　複合　　　　　　　　　　　　　　　　　　　　*25*
  2.3.　派生　　　　　　　　　　　　　　　　　　　　*33*
  2.4.　転換　　　　　　　　　　　　　　　　　　　　*38*
  2.5.　その他の語形成　　　　　　　　　　　　　　　*42*
    2.5.1.　短縮　　　　　　　　　　　　　　　　　　*42*
    2.5.2.　混成　　　　　　　　　　　　　　　　　　*44*
    2.5.3.　逆形成　　　　　　　　　　　　　　　　　*45*
    2.5.4.　頭文字化　　　　　　　　　　　　　　　　*46*

## 第3章　語の内部構造 ………………………………… 49

3.1. IC 分析　　　49
3.2. 語の主要部　　　50
3.3. 可能な語と不可能な語　　　54
3.4. 語形成に関わる統語的条件　　　62
3.5. 語の編入　　　67

## 第4章　語の意味分析 ………………………………… 72

4.1. 意味の透明性と語彙化　　　72
4.2. 単純語の意味　　　74
4.3. 複合名詞の意味　　　79
4.4. -er 派生名詞の意味　　　86
4.5. 名詞転換動詞の意味　　　90

## 第5章　語形成と分散形態論 ………………………………… 96

5.1. はじめに　　　96
5.2. 派生と屈折　　　97
　5.2.1. 派生　　　97
　5.2.2. 屈折　　　98
　5.2.3. 派生と屈折の取り扱い　　　101
5.3. 反語彙主義の考え方　　　102
5.4. 品詞：$\sqrt{\text{Root}}$ 仮説　　　105
5.5. 分散された形態論：語彙挿入の理論　　　109

## 第6章　分散形態論の応用可能性 ………………………………… 116

6.1. はじめに　　　116
6.2. 統語論と形態論の関係と局所性　　　117
　6.2.1. 統語構造と語彙の意味　　　117
　6.2.2. 統語構造と形態論の関係　　　119

|  |  |
| --- | --- |
| 6.2.3. 接辞に見られる異形態 | *120* |
| 6.3. 補充形と局所性：*ABA | *122* |
|   6.3.1. 補充形とは | *122* |
|   6.3.2. 不規則変化の規則性 | *123* |
|   6.3.3. 語彙挿入と不規則変化 | *125* |
|   6.3.4. ABA がなぜ出現しないか | *129* |
| 6.4. 複合語と分散形態論 | *132* |
|   6.4.1. 日本語の複合語 | *132* |
|   6.4.2. 2 種類の複合語 | *135* |
|   6.4.3. 語彙部門の破棄と複合語 | *137* |

推薦図書 ………………………………………………… *141*

参考文献 ………………………………………………… *144*

索　引 …………………………………………………… *150*

編者・著者紹介 ………………………………………… *156*

# 第 1 章　語の基本概念

## 1.1. 形態論とは何か

　形態論 (morphology) とは，語の成り立ちや内部構造を解明する言語学の一分野である。

　語 (word) は文を構成する基本単位とみなされるが，語自体も分解不可能な 1 つのかたまりではなく，形態素 (morpheme) と呼ばれるより小さな要素の組み合わせで成り立っている。例えば，birthday（誕生日）という語は，birth（誕生）と day（日）という 2 つの語に分解できる。つまり，birth や day は語であると同時に，birthday というより複雑な語の材料になる形態素でもある。歴史的に birth はさらに「運ぶ」を意味するインド・ヨーロッパ祖語の語根 bher-（現代英語の bear に当たる）と，ゲルマン語の名詞化辞 -th に分解できるが，今日の英語母語話者の認識としてそこまで細かく語を分析する必要はない。したがって，birth は共時的にはこれ以上分解できない最小の言語単位と言うことができる。同様に，day も da と y に分けたり，d と ay に分けても意味はない。このように形態素を「意味を持つ最小の言語単位」と定義するならば，形態論の仕事は，語の内部に存在す

1

る形態素の種類やその組み合わせ方を明らかにすることと言える。

　本章では，形態論で語を分析する上で必要な基本的概念について解説する。まず 1.2 節で形態素の種類を説明し，1.3 節で語と句の違いについて概観する。1.4 節では形態論の観点から見た言語の類型を紹介し，最後に 1.5 節で形態論に内在する「語とは何か」という問題について考える。

## 1.2. 形態素の種類

　形態素は大きく次の 2 種類に分けられる。

(1) a. 自由形態素 (free morpheme)：単独で語として使用できる形態素。
　　b. 拘束形態素 (bound morpheme)：単独では語として使用できない形態素。

自由形態素は，単独で語として使用できる形態素で，冒頭の例で言えば birth や day がこれに当たる。一方，拘束形態素は単独では語として使用できず，必ず語基 (base) となる自由形態素に付加して使用する。拘束形態素は接辞 (affix) とも呼ばれ，拘束形態素を語基に付加することを接辞付加 (affixation) と言う。

　例えば，次の文にはいくつ形態素があるだろうか。(ちなみに，この文は Chomsky (1957) に登場する，文法的だが意味のない「ナンセンスな文」として有名な文である。)

(2)　Colorless green ideas sleep furiously.
　　　(色無き緑の考えが猛烈に眠る)

この文は colorless, green, ideas, sleep, furiously という 5 つ

の語から成り立っているが，color, green, idea, sleep, furi（本来の綴りは fury）の部分は単独で語として使用できるので自由形態素である。一方，colorless の -less, ideas の -s, furiously の -ous や -ly の部分は，単独では語として使用することができない拘束形態素である。したがって，この文には5つの自由形態素と4つの拘束形態素が含まれていることになる。[1]

さらに拘束形態素は次の2種類に分けられる。

(3) a. 派生接辞（derivational affix）：派生（derivation）という語形成に関わる接辞。
  b. 屈折接辞（inflectional affix）：屈折（inflection）という文法現象に関わる接辞。

派生や屈折についてはそれぞれ第2章と第5章で詳しく扱うが，簡単に言うと，派生は既存の語に接辞を付加して新しい語を作る語形成過程で，屈折は語を文中での役割に応じて文法的な形に変える統語的な操作である。派生接辞には un-, dis-, re- など，語頭に付く接頭辞（prefix）と，-ly, -ness, -ish など，語末に付く接尾辞（suffix）がある。一方，屈折接辞は，英語では名詞・動詞・形容詞の語末に付いて，以下のような文法的機能を果たす。

(4) a. 名詞の複数形を表す：books, glasses, oxen
  b. 名詞の属格を表す：John's
  c. 動詞の3人称・単数・現在形を表す：gets, goes
  d. 動詞の過去形を表す：jumped
  e. 形容詞の比較級や最上級を表す：happier, happiest
  f. 現在分詞を表す：dancing

---

[1] なお, colorless や furious, furiously は，これ自体も語として使用可能なので，これらも自由形態素に数える場合がある。

g. 過去分詞を表す：kill<u>ed</u>, tak<u>en</u>

　派生接辞と屈折接辞は語の周辺要素という意味では共通しているが，安藤・澤田（2001）によると，両者は以下の3点で明確に区別できる。

　第1に，派生接辞はそれが付加される語基の品詞を変えたり，意味を変えたりして新しい語を作る機能を持つが，屈折接辞はその語の文中での文法的な振る舞いのために語形を変えるだけで，新しい語を作ったりはしない。

(5) a. 派生接辞
　　　 color（名詞）→ color<u>less</u>（形容詞）
　　　 happy（肯定）→ <u>un</u>happy（否定）
　　b. 屈折接辞
　　　 idea → idea<u>s</u>（複数）
　　　 sleep → sleep<u>s</u>（3人称・単数・現在）

　第2に，派生接辞は語基の前にも後ろにも重ねて付加することができるが，屈折接辞は語基の後ろに1つしか付加できない。（以下，「*」はその表現が不適格であることを表す。）

(6) a. 派生接辞
　　　 merge（溶け込む）→ <u>sub</u>merge（潜水する）→ <u>re</u>submerge（再び潜水する）
　　　 fury（激怒）→ fur<u>ious</u>（激怒した）→ furious<u>ly</u>（猛烈に）
　　b. 屈折接辞
　　　 talk → talk<u>ed</u>（過去・過去分詞）→ *talked<u>ing</u>
　　　 walk → walk<u>ing</u>（現在分詞）→ *walking<u>ed</u>

例外的に，名詞の複数形に属格の 's を付けることはできる（例：

dogs')が，この場合はアポストロフィーの後ろの s が綴り上でも発音上でも消える。なお，名詞の複数形や動詞の過去形などには不規則活用するものがあるが，これらも語基に抽象的な屈折接辞が付加した結果，音形が変化したものと考えられる（例：woman + -s（複数）⇒ women, go + -ed（過去）⇒ went）。したがって，women's は可能だが，*wenting は不可能である。

　第 3 に，派生接辞と屈折接辞が併用される場合は，派生接辞が屈折接辞より先に付加される。つまり，「派生→屈折」の順は可能だが，「屈折→派生」の順は不可能である。

(7) a. 派生→屈折
　　　kind（親切な）→ kindness（親切な行為）→ kindnesses（複数）
　b. *屈折→派生
　　　happy → happier（比較級）→ *happierness

このことから，Anderson (1982, 1992) や Perlmutter (1988) などは，屈折接辞を扱う統語部門は派生接辞を扱う語彙部門より後に存在すると考え，以下のような文法モデルを提案している。

(8) 　語彙部門　→　統語部門
　　　　語　　　　　句／文

語彙部門と統語部門がどのように関係するかは，どのような形態理論を採用するかによっても変わってくるが，一般に，語彙部門で働く規則（語形成）と統語部門で働く規則（句形成）は別個であると考えられるので，両者はそれぞれ独自の文法モジュールを形成すると言える（1.3 節の議論も参照）。本書もしばらくはこの考え方の下で議論を進めるが，これとは異なる考え方についても第 5 章以降で触れていく。

形態素という単位を用いると，語はその中に含まれる形態素の数や種類によって以下のように分類できる。

(9) 語の分類

```
       ┌ 単純語 (simple word)：1つの自由形態素から成る語
       │
語 ┤                              ┌ 複合語 (compound word)
       │                              │   自由形態素＋自由形態素
       └ 合成語 (complex word)：├── 派生語 (derivative word)
              複数の形態素から成る語 │   自由形態素＋派生接辞
                                         └ 屈折語 (inflected word)
                                              自由形態素－屈折接辞
```

color ように1つの自由形態素から成る語を単純語と呼ぶのに対し，複数の形態素を持つ語を合成語と呼ぶ。合成語にさらにそこに含まれる形態素の種類によって複合語，派生語，屈折語に分かれる。複合語は color box（絵の具箱）のように自由形態素同士を組み合わせたものであり，派生語は colorless（無色の）のように自由形態素に派生接辞を付加したものである。また，屈折語は ideas（idea の複数形）のように自由形態素に屈折接辞が付加したものである。

なお，英語には cartography（carto-＋-graphy：地図作成），democracy（demo-＋-cracy：民主主義），philosophy（philo-＋-sophy：哲学）のように拘束形態素同士を組み合わせた語もあるが，これらはラテン語やギリシア語などに由来し，主に19世紀以降に学問や科学における専門用語を表すために作られたので，Bauer (1983) などで新古典複合語 (neoclassical compound) と呼ばれている。これらが複合語と呼ばれる理由は，これらの拘束形態素がそれぞれ明確な意味を持ち（例：carto-（地図），-graphy（書く），

demo-（民衆），-cracy（支配），philo-（愛する），-sophy（知識）），古典語においてはいずれも独立した語（つまり自由形態素）であった点にある。したがって，これらを他の拘束形態素と区別して連結形（combining form）と呼ぶことがある。

## 1.3. 語と句の違い

　語が内部構造を持つことは分かったが，それは同じく内部構造を持つ句や文と何が違うのだろうか。形態論は語を中心に扱う言語学の一分野だが，句や文を扱う分野は統語論（syntax）と呼ばれる。本節では，複数の要素から成る表現に関して，それが語彙部門で形成される語であるのか，統語部門で形成される句であるのかを検討していく。

　英語で語と句の違いがもっとも分かりやすく出るのはアクセントである。例えば，英語の形容詞と名詞を組み合わせた表現のいくつかは，以下のように複合語にもなるし，句にもなる。

(10)　　　複合語　　　　　　　　　句
　　　bláckbòard（黒板）　　　blâck bóard（黒い板）
　　　blúeprìnt（青写真）　　　blûe prínt（青い印刷物）
　　　dárkròom（暗室）　　　　dârk róom（暗い部屋）
　　　gréenhòuse（温室）　　　grêen hóuse（緑色の家）
　　　Whíte Hòuse　　　　　　whîte hóuse（白い家）
　　（アメリカ大統領官邸）

重要なのは，出来上がったものが語であるか句であるかによって意味が異なることである。例えば，複合語の darkroom は写真現像や研究や診療を行う「暗室」を意味し，それ以外の目的を持つ部屋は指さない。逆に，これらの目的のために存在する部屋であ

れば,一時的にその部屋が暗くなくても darkroom と呼べる。一方,句の dark room は「暗い部屋」であれば寝室でもリビングでもどこでもよい。しかし,実際に部屋が暗くなければ dark room とは言わない。一般に,句の意味は2つの要素の意味を単純に足し合わせたものになる(これを「構成性の原理(principle of compositionality)に従う」と言う)が,複合語の意味は2つの要素の意味の足し算からは予測できないことが多い。(10) に挙げたその他の複合語でも,複合語が指し示す対象が実際に左側の形容詞が表す色をしている必要はない。

　英語ではこのような語と句の違いが発音上,顕著に現れる。(10) に示すように,複合語では第1要素となる語に第1強勢(´)が置かれ,第2要素となる語は第2強勢(ˋ)に弱まるのに対し,句では前側の語が持つ強勢が若干弱まり(本書では第1強勢と第2強勢の間の強勢として「^」で示す),後ろ側の語が第1強勢を担う。このような複合語と句の強勢の違いを,Chomsky and Halle (1968) は次のような規則としてまとめている。

(11) a.　複合語規則(Compound Rule: CR)
　　　　 2語以上の単語から成る複合語の場合,最初の語に第1強勢が置かれ,他の語の語強勢は減じられる。
　　b.　中核強勢規則(Nuclear Stress Rule: NSR)
　　　　 2語以上の単語が句や文を形成する場合,後ろの語に強勢が置かれ,前の語の語強勢は減じられる。

NSR は句だけでなく文にも適用されるものとして提案されており,例えば,Bill died. という文では,died に第1強勢が置かれ,Bill の語強勢は弱まる。[2]

---

　[2] ただし,句や文の場合,どの程度前側の語の語強勢が弱まるかはそれぞ

日本語でも複合語と句にはアクセントの違いがあることが，窪薗 (1995) などで指摘されている。次の例を見てみよう。

(12) a.　社会制度（シャカイセ⌐イド）　　　　［複合語］
　　 b.　社会（シャ⌐カイ）の制度（セ⌐イド）　［句］

日本語は英語と違い，強さ (stress) ではなく，高さ (pitch) でアクセントを表す。「社会」や「制度」は単独で発音される場合，いずれも語頭でピッチが上昇し，語末に向けて下降していくというパターンを持つ。(12b) の句の場合は，それぞれの語が持つピッチのパターンが特に変更されないのに対し，(12a) の複合語の場合は，語頭で上昇したピッチが2つの語の境界付近で下降するというパターンを示す ((12) では下降が始まるタイミングを「⌐」で示している)。これは「社会問題」（シャカイモ⌐ンダイ）のように，後ろ側の語が元々アクセントを持たない（つまり，平板型の）場合でも同様である。要するに，日本語でも複合語の場合は，それを1つの語とみなし，複合の要素となる語が元々持っているアクセントのパターンが書き換えられるという現象が見られる。英語と日本語の違いは，英語が後ろ側の語のアクセントを弱めるのに対し，日本語は後ろ側の語のアクセントを保持または追加しようとする点である。

ただし，並木 (2013) によると，このような音声上の語と句の区別は言語個別的なところがあり，上記の英語や日本語の例では比較的分かりやすいが，他の言語でも見られるとは限らない。む

---

れの句や文によって異なる。また，複合語でも第1強勢の位置は品詞によって違っている。例えば，(10) に示したような複合した結果が名詞になる複合名詞では CR に従うものが多いが，hàndmáde（複合形容詞），ùnderstánd（複合動詞），hèreáfter（複合副詞）のように，複合した結果が名詞以外の場合は，むしろ後ろ側の語に第1強勢を置くものが多い。

しろ，言語普遍的に観察されるのは形態的な区別である。結論から言うと，(8)に示したように，語を作る部門を語彙部門，句や文を作る部門を統語部門と呼ぶならば，語彙部門は統語部門よりも先に存在していると考えられるため，語彙部門で作られた語の内部に対して，後から統語的な要素を加えたり，統語的な操作を行うことはできない。例えば，(10)で形容詞が名詞を修飾する名詞句の例を見たが，このような句構造内での修飾関係の構築は統語部門の仕事である。したがって，複合語内部の要素に対して後から語を追加して修飾関係を作ることはできない。

(13) a. *very [darkroom]　　(cf. very dark room)
　　 b. *豊かな [社会制度]　　(cf. 豊かな社会の制度)

(13a)は副詞 very が darkroom の dark の部分だけを修飾することはできないことを示している。これは日本語で「*とても暗室」という表現が不可能なことと同じである。darkroom や「暗室」はそれが語彙部門で形成された時点で1語として緊密になるので，その内部の要素を後から統語部門で加えられた要素で修飾することはできない。これに対して，句であれば，very dark room や「とても暗い部屋」のように，very や「とても」が dark や「暗い」を修飾することは可能である。同様に，(13b)は「豊かな」という形容詞が「社会制度」の「社会」の部分だけを修飾することはできないことを示している。もしこの表現が可能だとすれば，「豊かな」が「社会制度」全体を修飾している場合だが，その時は「豊かな社会に存在する制度」という意図した意味とは異なり，「社会制度自体が豊か」（つまり，たくさんある）という意味になる。一方，これも「豊かな社会の制度」と句にしてやれば，「豊かな」が「社会」を修飾することは問題ない。

また，前節で述べたように，屈折接辞は統語部門で扱われるの

で，語彙部門で形成される複合語の内部には入らない。

(14) a. *darker̲room, *darkest̲room
    (cf. a darke̲r room, the darkes̲t room)
   b. *birds̲ watching, *fruits̲ salad, *shoes̲ shop
    (cf. bird watching, fruit salad, shoe shop)

(14a) のように，darkroom の dark の部分に比較級や最上級を表す屈折接辞を付加することはできない。比較級や最上級が現れるのは a darker room や the darkest room のような句の場合だけである。同様に，(14b) のように，たとえ観察する鳥や，サラダに入っている果物や，売っている靴が複数でも，複合語内に複数形の屈折接辞は現れない。正しい英語はいずれも前側の要素が単数形（原形）になる。日本語でも「*より暗室」や「*野鳥たち観察」などとは決して言わない。「フルーツサラダ」や「シューズショップ」というカタカナ表現は可能だろうが，日本人は「フルーツ」や「シューズ」を「フルート」や「シュー」の複数形だとは認識していない。つまり，これらは「フルーツ」や「シューズ」で1つの自立した外来語である。英語でも，例外的に clothes brush（衣類用ブラシ）や teeth mark（歯型）のような複数形を含む複合語の例があるが，前者は cloth（布）と clothes（服）が指し示す物の違い，後者は複数の歯の跡でなければ「歯型」にならないという意味的な理由がそれぞれある（ちなみに，1本だけの歯の跡の意味を表したければ，tooth mark という言い方もできる）。

　ここまでは修飾語句や屈折接辞などの統語的な要素の追加という観点で見てきたが，統語的な操作についても同様である。例えば，英語では，等位構造に同じ語が重複する場合，後ろ側の要素を削除する空所化（gapping）という現象が可能である（以下，下線部が消された部分）。

(15) a. John plays the guitar, and Mary plays the piano.
　　 b. John plays the guitar, and Mary, ＿＿ the piano.

このような削除は文がいったん統語部門で作られた後に起こると考えられている（そうでないと消された要素が何か分からず、意味解釈ができない）。しかし、(16b)のように、複合語の場合は、たとえ重複していてもその一部のみを削除することはできない。

(16) a. John roleplays a good husband, and Mary, ＿＿ a good wife.
　　 b. *John roleplays a good husband, and Mary, role＿＿ a good wife.

また、英語では文中に同じ名詞が続く場合、(17a)のように後ろの名詞を代名詞に置き換える代名詞化（pronominalization）が可能であるが、これも、(17b)のように複合語全体には適用できても、(17c)のように複合語の一部には適用できない。

(17) a. John lost his key and bought a new one. [one = key]
　　 b. John lost his house key and bought a new one. [one = house key]
　　 c. *John lost his house key and bought a new house one. [one = key]

このように、文中での同一性に基づく空所化や代名詞化という統語的な操作も語の内部には及ばないことが分かる。

　まとめると、修飾語句や屈折接辞という統語的な要素の追加や、語句を削除したり代名詞化するといった統語的な操作は、複合語の内部には適用できない。これは複合語が語彙部門で作られた際に「1つの形態的なまとまり」を形成するからである。この

ような性質を，語の形態的緊密性 (lexical integrity) と言う (Di Sciullo and Williams (1987))。

## 1.4. 形態論から見た言語の類型

ここまでは語の内側を重視してきたが，本節では語の外側に目を向け，世界の言語を形態論という観点で見た場合にどのような分類ができるかを紹介しておく。

主語や目的語といった文法関係 (grammatical relation) に関わる情報や動詞の時制 (tense) など，文を作る仕組みがどのように語の形態に反映するかという形態的類型論 (morphological typology) の立場から見た場合，世界の言語は概ね以下の4つに分類できる。

(18) a. 孤立語 (isolating language)：文法関係や時制が語順や独立した語によって示される言語。
　　 b. 膠着語 (agglutinating language)：文法関係や時制が語の外に形態素として表される言語。
　　 c. 屈折語 (inflectional language)：文法関係や時制が語の内部に組み込まれている言語。
　　 d. 抱合語 (polysynthetic language)：文法関係や時制を含め，様々な要素が語に編入していく言語。

(18a-c) は19世紀に語の形態的特徴に基づく言語類型を確立した August Schleicher（アウグスト・シュライヒャー）によるものであるが，その後，Comrie (1989) などによって (18d) が加えられた。以下，順にその特徴を見ていく。

まず，孤立語は，語以外の形態素をほとんど持たず，他言語では接辞を用いて表されるような形態的情報をすべて語によって表

す。また、孤立語では、主語や目的語といった文法関係が語順や文脈などの情報によって示されることが多い。例えば、(19)の中国語では、「私」という意味の「我」や「友達」という意味の「朋友」は、主語として使われていても、目的語として使われていても形が変わらない。

(19) a. 我　　帮　　　了　　我　的　朋友．
　　　　私　助ける　過去　私　の　友達
　　　「私は私の友達を助けた」
　　b. 我　的　朋友　帮　　　了　　我．
　　　　私　の　友達　助ける　過去　私
　　　「私の友達は私を助けた」

異なるのは、主語は動詞に先行し、目的語は動詞に後行するという語順だけであり、中国語話者はその違いによって文法関係の違いを読み取る。また、中国語では、名詞の所有格に「的」、動詞の過去に「了」という独立した語が使われる。孤立語に分類される言語には、中国語の他に、チベット語やビルマ語などのシナ・チベット語族に分類される言語、およびベトナム語、ラオス語、タイ語、クメール語などの東南アジアの言語などがある。

　次に、膠着語では、各形態素がそれぞれ明確な意味を持ち、原則1つの語尾が1つの文法的機能に対応する。例えば、(20)の日本語では、「太郎」に「が」が付き、「花子」に「を」が付くことで、主語や目的語などの文法関係を明示する。また、動詞は否定を表す接辞の後続によって活用し、その後も様々な意味に応じた接辞が付加する。

(20)　太郎が　花子を　殴ら　なかっ　た　らしい　です　ね。
　　　主格　　目的格　　　　否定　　過去　伝聞　　丁寧　確認

(21) のトルコ語の例では,「歯」を意味する diş という語に対して, 4つの接辞が後続している。それぞれ, -çi は動作主格 (dişçi で英語の dent-ist に当たる), -ler は複数, -im は「私の」, -in は所有格の意味を持ち, 全体で1つのまとまった意味の語を形成する。

(21) diş-çi-ler-im-in
　　　歯医者-達-私の-の
　　　「私の歯医者さん達の」　　　　　　　（瀬田ほか (2010: 14)）

このように膠着語では2つ以上の形態素が語に付加することも多く, 1語が比較的長くなる傾向がある。また膠着語では個々の形態素の役割がはっきりしているため, 名詞や動詞の不規則活用が少ないという特徴もある。膠着語に分類される言語として, トルコ語やモンゴル語などのアルタイ語族の言語, フィンランド語やハンガリー語などのウラル語族の言語, 日本語, 韓国語などが挙げられる。

　屈折語も膠着語と同様に, 複数の形態素がまとまって1つの単語を作るが, 屈折語の場合は名詞や動詞そのものの形が変化するのが特徴である。例えば,  (22) のポルトガル語の例を見ると,「話す」という意味の fal-o という動詞が, 語尾の -o だけで主語が1人称であること, 単数であること, 現在時制であること, 直接法であることなどの複数の文法的機能を表している。このような1つの形で2つ以上の異なる意味成分を持つ音韻列はかばん形態 (portmanteau morph) と呼ばれる。

(22)　(Eu)　fal-o　　　　　　　　português.
　　　(私)　話す-1人称.単数.現在　ポルトガル語
　　　「私はポルトガル語を話す」　　　　（瀬田ほか (2010: 14)）

また，主語の eu も主格特有の形であり，目的語になれば me に変わる。このように屈折語では名詞や動詞の語形に文法関係や時制を表す要素が分離不可能な形で組み込まれている。したがって，動詞の形を見れば主語の人称や数が分かるので，屈折語には主語省略が可能な言語も多い。屈折語の代表として，ラテン語やギリシア語，ロシア語やドイツ語，アラビア語，チェコ語などが挙げられる。また，ラテン語から派生したヨーロッパの多くの言語も屈折語に分類される。

　最後に，抱合語は，語や接辞などの文内の形態素が次々に名詞や動詞要素に結合して，1語で文のような情報を表す。(23) はかつてメキシコ周辺で話されていた古典ナワトル語の例であるが，1人称・単数を表す ni，2人称・単数を表す mits，「彼」に相当する te·,「それ」に相当する tła などがすべて「あげる」を意味する動詞 maki· に付加している。このかたまりはさらに使役を表す lti·，未来を表す s に付加し，文全体がまるで1つの語であるかのように振る舞う。

(23)　ni-mits-te·-tła-maki·-lti·-s
　　　私-あなた-彼-それ-あげる-使役-未来
　　　「私は誰かにそれをあなたにあげるようにさせる」

(Suárez (1983: 61))

このように語の周辺要素が語と結合してその一部になることを編入（incorporation）と言う。(20) で見た日本語も，動詞に多数の接辞が付く抱合的な部分があるが，日本語では人称や数などの名詞的要素は動詞の接辞としては現れないので，動詞だけで文のような意味を表せるわけではない。また，日本語には「腰を掛ける」から「腰掛ける」，「色が褪せる」から「色褪せる」など，動詞の項を動詞に編入した複合動詞（3.5節を参照）もあるが，編入

できる要素の数や生産性が抱合語とは圧倒的に違う。抱合語は，アイヌ語，エスキモー語，アメリカ先住民の言語，マヤ諸語など，シベリアから北米にかけての広い範囲に分布している。

　以上，語の形態的な特徴に基づいた言語の類型を見てきたが，すべての言語を厳密に上記の4タイプに分類できるわけではないことには注意が必要である。英語を例にすると，英語の語順はSVOに固定されており，孤立語的な側面を見せる一方，動詞の多くは -ed を付けることによって過去の意味を表すので，この点は膠着語の特徴と一致する。また，英語の3人称・単数・現在の -s は英語がかつて屈折語であったことの名残である。さらに，英語では talk at a table（食卓でのおしゃべり）から table talk（茶飲み話）という複合語が作られるなど，語形成の一部に抱合語に近い特徴も見られる。したがって，言語を厳密に4分類しようとせず，それぞれの語が持つ形態的な特徴について，どのような分析が可能であるかを考察することが大切である。

## 1.5. 語の不思議[3]

　ここまで本章では語についての基本的な概念を見てきたが，次の章に移る前に考えてみたいことがある。それは，形態論は語を扱う分野であるが，改めて考えると「語とは何だろうか」という素朴な疑問である。

　例えば，語を (24) のように定義したとしよう。

(24)　語とはスペースを入れずに書く形式的なまとまりのことである。

---

[3] 本節の内容の一部は Harley (2006) の第1章に基づいている。

確かに英語では a book と書く際に，abook のように a と book の間にスペースを入れずに書くことは許されない。しかし，日本語ではそのようなことはなく，「1 冊の　本」などと書くのは分かち書きが必要な特別な理由がある場合を除いて一般的ではない。

では，語を次のように定義したらどうだろうか。

(25) 　語とは1度に発音される音声的なまとまりのことである。

これもあまり良い定義ではない。もし1まとまりで発音されるものがすべて語であれば，日本語なら「本」ならぬ「ほむ」や「ぽぬん」，英語なら spinble や pag なども語であることになってしまう。もちろん，このような語がないことは，その言語の母語話者ならすぐ分かる。

ここで重要なのが，語と意味の関係だろう。語であることと，それが意味を表すこととは非常に密接な関係がある。例えば，dog や「犬」という語を考えてみると，両者は音や文字は違うが同じものを意味しており，通常「🐕」のような生き物を指す。一方で，dog の d や「いぬ」の「い」などの個別の音や文字は一切，犬の意味には関連していない。つまり，ばらばらでは意味を表すことができない音や文字が，語というまとまりを成して初めて意味を表すようになる。この点を踏まえると，語を以下のように捉えることができるかもしれない。

(26) 　語とは各言語で使われる音や文字を組み合わせて作られた，意味を持つ最小のまとまりのことである。

しかし，(26) の定義にもまだ問題が生じる。つまり，語を「意味を持つ最小のまとまり」と考えた場合，1.1 節で紹介した形態素の定義と重複してしまうのである。

また，(26) の定義には現実的な問題も生じる。例えば，I'm,

don't, you're, should've, we'll などの英語の短縮形は 2 つの語が 1 つにまとまったものと考えられている。しかし，これらの短縮形も (26) の定義に合致しているように思われる。つまり，I am が 2 語であるのに対し，その短縮形の I'm は 1 語ということになる。この場合，I'm の 'm 部分はどう分析すれば良いだろうか。また，短縮形は 1.3 節で出てきた複合語とは異なる意味的な問題も孕んでいる。つまり，darkroom（暗室）などの複合語は 2 つの語から成るが，全体で新しい意味を表す 1 つの語と言うことができた。しかし，短縮形の場合は，元の形式との意味の違いが（少なくとも直感的には）感じられないので，同じ意味の 1 語 (I'm) と 2 語 (I am) が存在することになる。これは意味を語の定義の基準にすることによる新たな問題と言える。

　ここで話を変えて，dog が語であるとしよう。では，dogs はどうだろうか。当然，dog の中に含まれる d, do, o, og, g などの音や文字はこれだけでは「犬」という意味を持たないので，語にはならない。では，-s の部分はどうだろうか。これは名詞に付く屈折接辞で，その名詞が複数形であることを表す。このことから「-s は＜複数＞という意味を持っているので，語とみなすことができる」と言えるだろうか。おそらく，これは多くの英語母語話者の直感に反するだろう。同様の問題は，unkind（不親切な）の un- や imaginable（想像できる）の -able などの派生接辞でも起きる（ちなみに，形容詞 able と接尾辞 -able は別語源である）。ここで，1.2 節で学んだ知識を使って「語とは自由形態素のことである」と言ってみても，自由形態素の定義の中に「単独で語として使える」という語に関する言及が含まれるので，議論が循環してしまう。

　このように，一見すると語未満に見える意味を持つ最小のまとまりが存在する一方，明らかに語より大きな単位が 1 つのまと

まった意味を表す場合もある。

(27) a. Jill took it all, kit and caboodle.
　　　　（ジルは一切合切すべてを手に入れた）
　　b. Jack walked to and fro.
　　　　（ジャックはあちこち歩き回った）
　　c. Bill kicked the bucket last night.
　　　　（ビルは昨晩自殺した）　　　　(Harley (2006: 10-11))
　　d. 身も蓋もない
　　e. 鯖を読む

(27a) の kit and caboodle は「一切合切」，(27b) の to and fro は「あちこち」という意味であるが，現代英語ではこのセットで使う以外 caboodle や fro の使い道はない。このことは，奇しくもこれらの日本語訳にある「合切」や「あち」，「こち」などの表現にも当てはまる。つまり，これらを語とみなした場合，「単独では使用できない語」が存在するということである。しかし，これらは and で等位接続されていることからも分かるように，統語上は明らかに語より大きな単位である。同様に，慣用句 (idiom) の場合，(27c) の the bucket とはどんなバケツなのか，(27d) の「身」や「蓋」はそれぞれ何を指しているのか，(27e) の「鯖を読む」とは一体どういう行為なのかなどの疑問が生じるが，その答えはこれらのまとまりをいくら細かく分解しても見えてこない。

　このように考えると，「語とは何か」ということを明確に説明するのは実に難しいことが分かる。冒頭で「語の成り立ちや内部構造を解明する」という形態論の目標を述べたが，形態論が抱える1つの大きな問題として，「語とは何か」，言い換えると「何が言語の最小のまとまりを成すのか」という根本的な問いに答えな

ければならないということがある。

同様の問題は形態素にも当てはまる。1.1 節で述べたように，形態素の定義は「意味を持つ最小の言語単位」とされることが多いが，すべての形態素が必ずしも明確な意味を表すわけではない。例えば，次のような語の意味を考えてみよう。

(28) a. blackberry（黒苺），blueberry（ブルーベリー）
b. gooseberry（西洋スグリ），raspberry（木苺），strawberry（苺）
c. cranberry（クランベリー），huckleberry（ハックルベリー），mulberry（桑の実）

これらの例に見られる berry（液果（類））は自由形態素であり，(28) の語全体から見ても，これらが何らかの果実であることを表す明確な意味を持つが，前に付く要素はそうではない。(28a) の black や blue が果実の色を表すのは良いが，(28b) の goose（ガチョウ）や rasp（やすり）や straw（藁）が複合語全体の意味にどのように貢献しているかは不明である。[4] 語源的にはこれらの語を使う何らかの理由があったはずだが，現在の英語母語話者が必ずしもその認識を共有しているわけではない。また，(28c) の cranberry の cran, huckleberry の huckle, mulberry の mul になると，もはや単独では意味を持たず，これ以外の他の語にも現れない。しかし，意味がないからという理由でこれらを形態素とみなさないとなると，cranberry, huckleberry, mulberry 全体が最小の形態素ということになり，そこから berry という共通の形態素を取り出せなくなってしまう。cran, huckle, mul のよう

---

[4] raspberry については，前要素が「葡萄酒」を意味する中英語の raspis に由来するという説もある。

に，特定の 1 語にしか現れない「形態素」（と敢えて言っておく）は，クランベリー形態素 (cranberry morpheme) と呼ばれ，その扱いは今でも形態論上の 1 つの議論の種になっている。Marchand (1955) によると，他にも holiday（休日），linseed（亜麻の種），linchpin（輪止め），necklace（首飾り），heirloom（家宝）などが現代英語ではクランベリー形態素に当たる。[5]

他にも，形態論が明らかにしなければならない課題として，形態素の組み合わせ方の問題がある。例えば，transformational（変形可能な）という語を形態素に分けてみると，trans-form-at-ion-al の 5 つの形態素から出来ていることが分かる。しかし，この 5 つの形態素は，それぞれが自由に組み合わさっているわけではなく，(29a) の順序は可能だが，逆さまの (29b) や，ランダムに並べた (29c) の順序は不可能である。

(29) a. trans-form-at-ion-al
　　　b. *al-ion-at-form-trans
　　　c. *form-ion-at-al-trans

これは「1 + 2 + 3」でも「3 + 2 + 1」でも「2 + 3 + 1」でもとにかく答えが「6」になる算数とは違い，語には形態素の足し算以上の何らかのルールがあることを物語っている。Halle (1973) は，このような語形成に関する知識を英語の母語話者が生得的に持っていると主張している。このような言語能力の生得性 (innateness of language faculty) は，本書が依拠する生成文法 (Generative Grammar) と呼ばれる理論では支配的な考え方である。つまり，形態論を考えるということは，このような語に関する我々の生得的な文法知識を明らかにすることでもある。実際，これまで多く

---

[5] 日本語のクランベリー形態素については，宮島 (1973) に多くの例がある。

の先行研究が形態素の組み合わせ方に関する様々な仮説を提案してきたが，いまだに100%満足のいく答えは出ていない。

　このように形態論は，内在する多くの問題を抱えながら，ゆっくりとではあるが，着実に発展してきている。しかし，学問分野としては（統語論などに比べると）まだまだ未熟であるので，初心者でも簡単に新発見ができる（かもしれない）という魅力がある。したがって，本書を読み進めるに当たっては，確立された（と思われている）理論や法則を丸暗記するのではなく，自ら関連する用例を集め，それを自分なりに分析することを常に心掛けてほしい。

# 第2章　様々な語形成

## 2.1. 語形成の種類と生産性

形態論の実質的な研究の1つは，語形成の過程を明らかにすることである。英語には様々な語が存在するが，新しい語を作る方法には，以下のようないくつかのパターンが存在する。[1]

(1) a. 複合 (compounding)
    b. 派生 (derivation)
    c. 転換 (conversion)
    d. 短縮 (clipping)
    e. 混成 (blending)
    f. 逆形成 (back-formation)
    g. 頭文字化 (initialism)

英語の語形成は，しばしば生産性 (productivity) という観点

---

[1] dog から dogs を作る屈折 (inflection) については，第5章で詳しく扱うのでここでは省略する。また，外国語を自国語に取り入れる借用 (borrowing) も，一般に語形成とは言えないので省いている。

から分類される。Lieber（2010）によると，生産性は，音や意味の透明性（transparency），語基の種類の頻度（frequency），社会的な有用性（usefulness）から成る総合的な概念であるが，ここでは簡単に「規則的により多くの語を作り出す能力」と考えておく。1963年から1972年までに英語の辞書に登録された新語をランダムに調査したAlgeo（1980）によると，全体の3分の2以上を占めるのは複合と派生による語形成である。1880年以降100年間の新語の傾向を調べたBauer（1994）の調査でも，この2つがどの時代でも群を抜いて数が多い。後で述べるように，転換も派生の一種と考えられるので，本章では（1a-c）を生産性の高い語形成として詳しく取り上げ，（1d-g）は生産性の低い語形成として簡単に紹介することにする。[2]

先に全体の傾向を述べておくと，生産性の高い（1a-c）は，既存の語に何か別の要素を加えて新しい語を作る「足し算的」な語形成という点で共通している。一方，生産性の低い（1d-g）は，いずれも語を何らかの形で短くする「引き算的」な語形成と言える。「足し算的」な語形成が「引き算的」な語形成より生産的であるという事実は，有限の要素を組み合わせて無限の表現を生み出す言語の創造性（creativity）を，形態論の観点から示す証拠として興味深い。

## 2.2. 複合

複合（compounding）とは，2つ以上の自由形態素を組み合わ

---

[2] 本章で紹介する例の多くはHuddleston and Pullum（2002）に依る。日本語の例は，影山（1997），並木（2013），Tsujimura（2013）の第3章などを参照。

せて新しい語を作る方法である。この方法で作られた語を複合語（compound word）と言う。

英語の複合は，作られた語の品詞が主要 8 品詞にまたがる，非常に生産性の高い語形成過程である。

(2) a. 複合名詞
bookmark（栞），footpath（小道），newspaper（新聞），raincoat（合羽）

b. 複合代名詞
each other（お互い），one another（お互い）

c. 複合形容詞
duty-free（免税の），overdue（期限を過ぎた），snow-white（雪のように白い），worldwide（世界的な）

d. 複合副詞
always（いつも），however（しかしながら），sometimes（時々），meanwhile（一方）

e. 複合動詞
dry clean（ドライクリーニングする），freeze-dry（凍結乾燥させる），overcome（克服する），understand（理解する）

f. 複合接続詞
as if（まるで〜のように），as soon as（〜するや否や），for fear (that)（〜を恐れて），in case（〜に備えて）

g. 複合前置詞
into（〜の中に），in front of（〜の前に），in spite of（〜にもかかわらず），onto（〜の上に）

h. 複合間投詞
By jingos!（おやまあ），Here we go!（行くよ），Oh

my God!（信じられない），you know（あのね）

複合語は表記上，合成された2つの語をくっつけるもの（例：notebook），ハイフンで繋ぐもの（例：check-in），スペースを空けるもの（例：bus stop）の3つに分かれるが，これらは合成される語同士の意味的な結び付き具合や複合語としての定着度合によるもので，辞書によっても表記が異なることがある。

　中でも最も数が多い複合名詞について，合成される語の組み合わせを見てみると，第2要素が名詞の場合，第1要素には様々な品詞が可能であることが分かる。

(3) a.　名詞＋名詞
　　　　ashtray（灰皿），birdcage（鳥かご），goldfish（金魚），motorcycle（バイク），steamboat（蒸気船）
　　b.　形容詞＋名詞
　　　　blackboard（黒板），commonwealth（連邦），hotline（直通電話），mainland（本土），tightrope（綱渡りの綱）
　　c.　動詞＋名詞
　　　　driveway（私道），grindstone（砥石），payday（給料日），mincemeat（ひき肉），swimsuit（水着）
　　d.　前置詞＋名詞
　　　　aftereffect（後遺症），in-joke（仲間内のジョーク），outpatient（外来患者），overcoat（上着），underdog（負け犬）
　　e.　代名詞＋名詞
　　　　he-man（男らしい男），she-cat（雌猫），she-goat（雌ヤギ），she-wolf（雌オオカミ）
　　f.　数詞＋名詞
　　　　six-pack（6個入りパック）

意味的に見ると，これらの複合語の第2要素は，複合語全体と包摂関係 (hyponymy) にある。つまり，ashtray は tray の一種であるし，blackboard は board の一種なので，ashtray や blackboard が tray や board の下位語 (hyponym) になっている。このように，複合語の多くは第1要素が第2要素の意味を限定するという特徴を持つ (3.2 節や 4.3 節も参照)。

一方，複合語には，合成される2つの要素が等位接続されているものもある。

(4) a. comedy-thriller（コメディスリラー），murder-suicide（無理心中），secretary-treasurer（秘書兼会計係），singer-songwriter（シンガーソングライター）
  b. bitter-sweet（苦甘い），deaf-mute（ろうあの），shabby-genteel（落ちぶれても体面を保とうとする）
  c. blow-dry（ドライヤーで乾かす），cook-chill（加熱調理後冷却保存する），freeze-dry（凍結乾燥させる）

例えば，singer-songwriter は歌手であるだけでなく，作詞作曲もする。つまり，She is a singer-songwriter. は意味的に She is a singer and songwriter. という and による等位構造を持つ。このような複合語を等位複合語 (coordinative compound) と呼ぶ。等位複合語は Japan-U.S. relations（日米関係）や Swedish-Irish trade（スウェーデンとアイルランド間の貿易）など，合成される2つの要素が対等な関係を持つ複合語で生産的に作られる。品詞的にも，(4a) の名詞-名詞，(4b) の形容詞-形容詞，(4c) の動詞-動詞のように，同じ品詞でなければ繋げられないのも等位複合語の特徴である。

また，次の例では，複合語が指す対象は第2要素の名詞が表す物ではなく，それを所有する人や物になっている。

(5) a. birdbrain（間抜け），bonehead（愚か者），butterfingers（不器用な人），egghead（インテリ），lazybones（怠け者），loudmouth（ほら吹き），paleface（白人），redhead（赤毛の人），redskin（アメリカ先住民），rubberneck（野次馬），skinhead（坊主頭）

b. longleaf（ダイオウショウ），redbreast（コマドリ），whitethorn（セイヨウサンザシ）

c. blackhead（黒ニキビ），greenback（ドル紙幣），hatchback（ハッチバック車）

このような複合語には，部分を指す語で全体を表すメトニミー (metonymy) が関与している。例えば，birdbrain を言い換えると，a person who has a brain the size of a bird's（鳥ほどの脳みそしかない人）である。このような所有物で所有者を表す複合語を所有複合語 (bahuvrihi compound) と言う。所有複合語は (5a) のように人を表すものが多いが，(5b) のように動植物を表すものや，(5c) のように物を表すものもある。このうち，人を表す所有複合語の多くは，相手の見た目や能力を揶揄した軽蔑的 (derogatory) な響きがあるので注意が必要である。

さらに，複合語の中には，文中で句 (phrase) として登場していたものが1語として語彙化したものがあり，これらは句由来複合語 (dephrasal compound) と呼ばれる。[3]

(6) cold-shoulder（冷遇する），fly-by-night（うさんくさい），hard-core（筋金入りの），has-been（過去の人），he-said-she-said argument（水掛け論），he-who-benefits-ought-to-pay principle（受益者負担の原則），he-who-must-not-

---

[3] 語彙化については，4.1 節を参照。

be-named（名前を言ってはいけないあの人），holier-than-thou（聖人ぶった），jack-in-the-box（びっくり箱），rent-a-crowd（金で雇われた観衆（サクラ）），shortchange（釣銭をごまかす），you-know-who（例のあの人）

例えば，cold-shoulder は，「主人が客に羊の冷たい肩肉（cold shoulder）を出した」という逸話から，give someone the cold shoulder が「人に冷たい態度をとる」という慣用句として用いられ，これが定着して cold shoulder が「冷たい態度」を表すようになったことに由来する。

句由来複合語が純粋に語彙部門で語と語を組み合わせたものではなく，統語構造に由来していることは，合成される要素間の意味的な結び付きが弱く語同士がハイフンで繋がれることや，has-been, he-said-she-said, he-who-benefits-ought-to-pay, holier-than-thou などで屈折接辞が含まれていることからも分かる。複合語の中に屈折接辞が含まれる点は，(2) で挙げた By jingos! などの複合間投詞や，(5) で見た butterfingers や lazybones などの所有複合語でも同じである。また，これらの複合語では，合成される要素と複合語全体の包摂関係は認められないという特徴もある（つまり，cold-shoulder は shoulder の一種ではないし，butterfingers は fingers の一種ではない）。しかし，これらの複合語も語として扱わなければならないのは，例えば cold-shoulder がさらに cold-shouldered（冷淡な）に形容詞化したり，fly-by-night が fly-by-nighter（信頼できない人）に名詞化するなど，新たな語形成に関わるからである。この他，句由来複合語には break ~ through（~を打ち破る）から breakthrough（突破口），hand out ~（~を配る）から handout（配布物），take ~ away（~を持ち帰る）から takeaway（持ち帰り用の料理）のように，句動詞を

そのまま名詞化したものもある。

　1.2節で紹介した新古典複合語（neoclassical compound）も複合語の一種と考えて良いだろう。新古典複合語は少なくとも複合される要素の1つが連結形（combining form）になっているのが特徴である。連結形には語の前に付く前部連結形（initial combining form）と後ろに付く後部連結形（final combining form）の2種類がある。

(7) a.　前部連結形
　　　　aer(o)-（航空〜），anthrop(o)-（人類〜），auto-（自己〜，自動〜），bio-（生物〜），electro-（電子〜），geo-（地球〜），heter(o)-（異〜），hom(o)-（同〜），hydr(o)-（水〜），neur(o)-（神経〜），pseud(o)-（疑似〜），psych(o)-（精神〜），socio-（社会〜），tele-（遠隔〜）
　　b.　後部連結形
　　　　-cide（〜殺），-crat（〜階級），-geny（〜発生），-graph（〜書），-logy（〜学），-oid（〜のようなもの），-onym（〜語），-pathy（感情，〜症），-phile（〜を愛する），-phobe（〜を嫌う），-phone（音，声），-scope（見る，〜鏡），-vore（〜食）

これらに共通しているのは，それぞれ明確な意味が存在する点である。ここから例えば，tele-（遠く）を -phone（声）と組み合わせれば telephone（電話），-pathy（感情）と組み合わせれば telepathy（テレパシー），-scope（見る）と組み合わせれば telescope（望遠鏡）という語が出来上がる。また，-logy（〜学）は bio-（生物）と組み合わせて biology（生物学），geo-（地球）と組み合わせて geology（地質学），psych(o)-（精神）と組み合わせて psychology（心理学）などになる。通常，複合の材料となる自由形態素には，

語の前に生起するとか後ろに生起するといった位置に関する制限はない。その意味で，連結形は自由形態素とは異なっている。また，連結形は単独では語として使用できない拘束形態素であるが，後で見る接頭辞や接尾辞などの派生接辞と違って，基本的に連結形同士で結合するという特徴がある。このことから，連結形は自由形態素（語）でも拘束形態素（派生接辞）でもない，両者の中間的なカテゴリーと言うことができる。[4]

最後に，次のような例が複合語とみなせるかどうかは意見が分かれるところである。

(8) a. boogie-woogie（ブギウギ），fuzzy wuzzy（けば立った（クマ）），super-duper（超一流の），tick-tack（チクタク（時計の音））

b. mishmash（まぜこぜ），mumbo jumbo（ちんぷんかんぷん），pitter-patter（パラパラ（雨の音）），splitter-splatter（パシャパシャ（水撥ねの音））

c. ding-dong（ディンドン（鐘の音）），helter-skelter（右往左往（慌てた様子）），ping-pong（ピンポン（卓球の音）），zigzag（ジグザグに進む）

これらは，見た目は2語を複合しているように見えるが，(8a)では第1要素のみが意味のある語として存在しており，第2要素はその音形を一部変えただけで特に意味はない。(8b)は逆に第2要素には意味があるが，第1要素に意味はない。(8c)に至っては第1要素も第2要素も単独では意味を持たない。これらの例

---

[4] ただし，最近では telecommunication（遠隔通信）や telework（在宅勤務）の tele- など，自由形態素に付加する連結形も存在しており，これらはすでに接辞化していると考えられる。

のように，2つの似た音を重ねる現象は重複（reduplication）と呼ばれる。重複を語彙部門での語形成と認めるかどうかは研究者によっても異なるが，例えば時計の音を表す tick-tack は，さらに tick-tack toe（三目並べ：3×3の升目に〇と×を並べるゲーム）という複合語形成にも関与するので，少なくとも重複の結果出来上がったものが語彙部門で扱うべき語であることは確かである。

## 2.3. 派生

派生（derivation）は，自由形態素に派生接辞を付加して，新しい語を作る方法である。派生によってつくられた語を派生語（derivative word）と言う。

派生には，(9a) のように接頭辞を付加するものと，(9b) のように接尾辞を付加するものがある。

(9) a. gain（得る）→ regain（取り戻す）
　　　 possible（可能な）→ impossible（不可能な）
　　　 sense（意味）→ nonsense（無意味）
　　　 take（取る）→ mistake（誤解する）
　　b. assess（評価する）［動詞］→ assessment（評価）［名詞］
　　　 beauty（美）［名詞］→ beautify（美化する）［動詞］
　　　 create（創る）［動詞］→ creation（創作）［名詞］
　　　 nation（国）［名詞］→ national（国の）［形容詞］

接頭辞と接尾辞は語の前に付くか後に付くかという位置の違いもあるが，根本的に異なっているのは語基となる自由形態素に対して果たす役割である。すなわち，接頭辞は基本的に語基の意味を変えるのに対し，接尾辞は語基の品詞を変える接辞である。

以下に英語の接頭辞，接尾辞の代表的な例を挙げておく。（接

頭辞は意味で分類するが，複数のカテゴリーにまたがるものもある。)

(10) a. 接頭辞
　　　否定・反対を表す：anti-, counter-, contra-, de-, dis-, in-, mis-, non-, un-
　　　時間・場所を表す：ante-, circum-, cross-, endo-, ex-, extra-, fore-, in-, infra-, inter-, intra-, meta-, mid-, over-, pan-, peri-, post-, pre-, sub-, sur-, trans-, under-
　　　大小を表す：equi-, hyper-, hypo-, iso-, macro, maxi-, micro-, mini-, out-, super-, ultra-
　　　数量を表す：bi-, cent-, deci-, di-, giga-, hecto-, kilo-, mega-, milli-, mono-, nano-, quad-, semi-, tri-, uni-
　　　その他：auto-, co-, mal-, re-, self-, vice-
　b. 接尾辞
　　　名詞化接辞：-age, -al, -ance, -ant, -ar, -ion, -cy, -dom, -ee, -eer, ent, -er, -ery, -ese, -ess, -hood, -ian, -ing, -ism, -ist, -ity, -ment, -ness, -or, -ship, -ster, -th, -ty, -ure, -y
　　　形容詞化接辞：-able, -al, -ant, -ary, -ate, -ed, -en, -ent, -ese, -esque, -ful, -ic, -ine, -ive, -less, -like, -ly, -most, -ory, -ous, -some, -y
　　　動詞化接辞：-ate, -en, -ify, -ize
　　　副詞化接辞：-ly, -ward, -wise

接尾辞に関しては，名詞化接辞と形容詞化接辞が圧倒的に多い。このことから，高橋（2009）のように，「派生語の構成要素には

形容詞か名詞が義務的に含まれる」と主張している研究もある。ちなみに，西川（2006）の『英語接辞研究』には 133 の接尾辞が載っているが，そのうち名詞化接辞が 89 項目，形容詞化接辞が 36 項目，動詞化接辞が 4 項目，副詞化接辞は 4 項目である。

　（11）のように，品詞を変える接頭辞や意味を変える接尾辞もあるにはあるが，数は少なく例外的である。

(11) a.　cloud（雲）［名詞］→ be̲cloud（曇らせる）［動詞］
　　　　large（大きい）［形容詞］→ en̲large（拡大する）［動詞］
　　　　number（数）［名詞］→ out̲number（数で勝る）［動詞］
　　　　sleep（眠る）［動詞］→ a̲sleep（寝ている）［形容詞］
　　　　throne（王位）［名詞］→ de̲throne（退位させる）［動詞］
　　b.　book（本）→ book̲let（小冊子）
　　　　cold（寒い）→ cold̲ish（少し寒い）
　　　　good（十分な）→ good̲ly（かなりの）
　　　　host（主人）→ host̲ess（女主人）
　　　　usher（案内係）→ usher̲ette（案内嬢）

特に，(11a) の品詞を変える接頭辞は限られた語基としか結び付かず，out- 以外は生産性に乏しい。また，(11b) の意味を変える接尾辞も，「大小」などの話者の主観に関するものや「性別」に関するものに限られるようである。

　ところで，接辞は基本的に自由形態素に付加するが，以下の接辞は拘束形態素に付加しているように見える。

(12)　atro̲city（残虐行為），author̲（著者），bapt̲ism（洗礼），dis̲gruntled（不満な），dur̲able（耐久性のある），en̲quire（尋ねる），evangel̲ist（伝道者），feas̲ible（実現可能な），pre̲-empt（未然に防ぐ），re̲vise（修正する），visc̲ous（粘性

のある）

ただし，これらは英語の中で語形成されたものではなく，外国語から英語に借用されたものである。この他，compel（強制する），precede（先行する），resume（再開する）なども語源的には語基と接辞から成るが，今日の英語ではもはや派生語ではなく，1つの自由形態素と認識されている。

なお，接辞の中には，付加した語の発音や強勢を変えるものがある。例えば，以下の例では，接辞が付加することによって下線部の発音が変わっている。

(13) a.　abound /aʊ/（富む）＋ -ance → abundance /ʌ/（豊富さ）
　　　　crime /aɪ/（犯罪）＋ -al → criminal /ɪ/（犯罪の）
　　　　obscene /iː/（猥褻な）＋ -ity → obscenity /e/（猥褻）
　　　　profane /eɪ/（不敬な）＋ ity → profanity /æ/（不敬）
　　b.　divide /d/（分ける）＋ -ible → divisible /z/（分けられる）
　　　　electric /k/（電気の）＋ -ity → electricity /s/（電気）
　　　　sign /φ/（表示）＋ -ify → signify /g/（表示する）
　　　　transmit /t/（送る）＋ - ion → transmission /ʃ/（送信）

(13a)では長母音や二重母音が短母音化されており，一部は15世紀から17世紀に起こった大母音推移（Great Vowel Shift）と逆の音声変化を辿っている（つまり，単純語では母音が推移したが，派生語では元の音が残っている）。(13b)は子音が変化する例であるが，divisible や transmission など，元の語の綴りを変化させたものもある。逆に，signify では，元々は発音しなかった綴り字が派生語になることで発音されるようになっている。

また，次の例では，接辞が付加することによって強勢の位置が

変化している。

(14) a. párent（親）+ -al → paréntal（親の）
    pórtent（前兆）+ -ous → porténtous（前兆の）
    próduct（生産物）+ -ive → prodúctive（生産的な）
   b. pérson（人・体）+ -ify → persónifỳ（体現する）
    phótogràph（写真）+ -ic → phòtográphic（写真の）
   c. ábsent（不在の）+ -ee → àbsentée（欠席者）
    Japán（日本）+ -ese → Jàpanése（日本人）
    kítchen（台所）+ -ette → kitchenétte（簡易キッチン）
    pícture（絵）+ esque → pìcturésque（絵になる）

このうち，(14a) の -al, -ous, -ive は接辞そのものが強勢を移動させているというよりは，接辞が付加することによって音節が増えたため，「語末から2番目の母音が2つの子音連続に続く語は後ろから2番目の音節 (penult) に強勢を置く（それ以外の場合は後ろから3番目の音節 (antepenult) に強勢を置く）」という英語の一般的な音韻ルールに従った結果，強勢の位置が移動しただけである。逆に，音節数が増えても語末から2番目の母音が1つの子音に続く conjécture → conjéctural, múrder → múrderous, sécret → sécretive では後ろから3番目の音節に強勢が置かれるため，実質的に強勢移動が起きていないように見える。一方，(14b) の -ify や -ic などは接辞のすぐ前の音節に強勢を置くという特徴があるため，接辞付加によって音節が増えれば必ず強勢が移動する (anémia → anémic のように音節が増えない場合は移動しない)。最後に，(14c) の -ee, -ese のように長母音を含む接辞はそれ自体に強勢を呼び込む性質を持つ。ただし，-ette や -esque は長母音を含まないのに強勢を担う。上記はほんの一例であり，ここで記したパターンに従わない接辞も数多くあるの

で，接辞付加による強勢移動の説明は一筋縄ではいかないのが実情である。

## 2.4. 転換

転換（conversion）は，語基の形を変えることなく別の品詞の語を作る方法である。2.3 節で見たように，品詞を変えるのは主に接尾辞の役割であるため，転換は音形の無いゼロ接辞（zero-affix）を語基の後ろに付加している（i.e., [base + φ]）と考える研究者もおり，転換のことをゼロ派生（zero derivation）と呼ぶ場合もある。いずれにせよ，転換も品詞の変更を伴うので，派生と同じく語彙部門での語形成過程と捉えられる。

転換を語彙部門での語形成過程に含めるもう 1 つの根拠は，転換によって品詞が変わった語は，その屈折に関わる情報も変わることである。例えば，attempts の -s は，attempt が動詞の場合は「3 人称・単数・現在」という文法的機能を表すが，attempt が名詞の場合は「複数」という文法的機能を表す。これらの屈折情報は語が統語部門で扱われる前に決定されなければならないので，転換も複合や派生と同じく，語彙部門での操作と考えられる。

英語は転換による語形成が盛んで，以下のような様々なパターンが見られる。

(15) a.　名詞→動詞
　　　　bottle（瓶）→ bottle（瓶に詰める）
　　　　butter（バター）→ butter（バターを塗る）
　　　　cash（現金）→ cash（現金化する）
　　　　skin（皮膚）→ skin（皮をはぐ）

b.　動詞→名詞
　　　　arrest（逮捕する）→ arrest（逮捕）
　　　　cheat（だます）→ cheat（いかさま）
　　　　read（読む）→ read（読み物）
　　　　spy（諜報活動をする）→ spy（スパイ）
　　c.　形容詞→名詞
　　　　comic（滑稽な）→ comic（漫画本）
　　　　local（ある地域の）→ local（地元の人たち）
　　　　potential（潜在的な）→ potential（可能性）
　　　　sweet（甘い）→ sweet（砂糖菓子）
　　d.　形容詞→動詞
　　　　clear（きれいな）→ clear（取り除く）
　　　　empty（空っぽの）→ empty（空にする）
　　　　free（自由な）→ free（解放する）
　　　　idle（働いていない）→ idle（怠ける）

特に名詞⇔動詞の転換は数が多く，名詞→動詞では，名詞が本来持つ機能や役割を発揮するという意味になるものが多い（この点については4.5節で解説する）。

　名詞⇔動詞の転換は，どちらが先に成立していたか判断が難しい場合も多いが，2音節語の場合，強勢の移動が起きるかどうかを1つの目安にできる。すなわち，名詞→動詞の転換では，原則として強勢の位置は変わらないが，動詞→名詞の転換では，動詞が2音節目に語強勢を持っている場合は，それが1音節目に移動するという現象が起きる。

　(16) a.　名詞→動詞
　　　　bútton（ボタン）→ bútton（ボタンを掛ける）
　　　　efféct（効果）→ efféct（発効させる）

fígure（図形）→ fígure（図で表す）
sígnal（合図）→ sígnal（合図する）
b. 動詞→名詞
digést（消化する）→ dígest（要約）
impórt（輸入する）→ ímport（輸入品）
permít（許可する）→ pérmit（許可証）
recáll（思い出す）→ récall（回想）

転換による強勢移動は，absent（ábsent（不在の）［形容詞］→ absént（欠席する）［動詞］）や abstract（ábstract（抽象的な）［形容詞］→ ábstract（抽象的なもの）［名詞］→ abstráct（取り除く）［動詞］）のように，形容詞から（名詞を経て）動詞に転換した場合にも見られる。ただし，アメリカ英語では「要約を作成する」という意味の時だけ ábstract と元の強勢を維持するなど，意味や方言による差もある。

なお，転換には固有名詞が関わっているものもある。

(17) boycott（排斥する）← Charles Boycott（英国の土地差配人：自身の領地であるアイルランドの小作人たちから村八分にされたことから）
cardigan（カーディガン）← Earl of Cardigan（カーディガン伯爵：保温のために軍服の上に着られるようにセーターを前開きにしたことから）
hamburger（ハンバーグ）← Hamburg（ドイツの都市：ひき肉を成型して焼いたものを Hamburger steak（ハンブルク式ステーキ）と呼んだことから）
lynch（私刑に処す）← Charles Lynch（米国の判事：アメリカ独立戦争時に私設法廷を設け，正規手続に拠らずに残酷な刑罰を科したことから）

sandwich（サンドイッチ）← Earl of Sandwich（サンドイッチ伯爵：ゲームに夢中になり，食事時間短縮のためパンに肉を挟んで食べたことから）

これらは冠名語（eponym）と呼ばれる語で，固有名詞が普通名詞に変わっているという点で転換に含められる。ちなみに，hamburger に対して cheeseburger や fish burger など具材を変えた語も存在するが，これは hamburger の ham の部分を「豚のもも肉」を指す ham と勘違いし，入れ替えたものである。このような誤解に基づく語の再解釈を異分析（metanalysis）と呼ぶ。この他，「影絵」を意味する silhouette や「断頭台」を意味する guillotine なども人名に由来する。

　以上，転換について見てきたが，転換は単純語に適用される場合が多いことに気づく。これは転換が「ゼロ派生」とみなされることの更なる証拠でもある。つまり，転換は派生接辞に依らず語の品詞を変える語形成なので，派生接辞を用いて品詞を変えられるのであれば，わざわざ転換を用いる必要はない。実際，action（計画を実施する），package（きれいに梱包する），stretcher（担架で運ぶ）など，派生名詞が動詞に転換するケースでは，act（行動する），pack（包む），stretch（伸ばす）などのすでに存在する動詞が表さない新しい意味を表す場合に限り，転換が許される。また，dislike（嫌悪する［動詞］→嫌悪［名詞］）のように接頭辞が付いた派生語が転換するケースは英語ではほとんどない。一方，blacklist（ブラックリストに載せる），keyboard（キーボードで入力する），network（放送する）など，複合名詞が動詞に転換するケースはそれなりに数が見られる。

## 2.5. その他の語形成

以下では，英語では生産性の低い語形成の種類を見ていく。

### 2.5.1. 短縮

短縮（clipping）は，既存の語の一部を切り落として新しい語を作る方法である。切り落とされる箇所によって以下の4種類に分かれる（元の語の省略された箇所に下線を引く）。

(18) a. 前部省略（fore-clipping）
    bus ← omnibus（バス）
    cello ← violoncello（チェロ）
    phone ← telephone（電話）
    pike ← turnpike（高速道路）
    plane ← airplane（飛行機）
  b. 後部省略（back-clipping）
    ad ← advertisement（広告）
    doc ← doctor（医者）
    exam ← examination（試験）
    info ← information（情報）
    lab ← laboratory（実験室）
  c. 両端省略（edge-clipping）
    flu ← influenza（インフルエンザ）
    fridge ← refrigerator（冷蔵庫）
    tec ← detective（探偵）
  d. 中部省略（mid-clipping）
    proctor ← procurator（代理人）
    vegan ← vegetarian（菜食主義者）

短縮は主に出版業界でスペース削減のために語を短くしたものと言われており，本来，語の意味を変える効果はなかったが，中には元の語と短縮語で意味が変わったものもある。例えば，「飛行機」を意味する plane は動詞に転換し，「滑空する」という意味でも使えるなど用法が広がっている。逆に，omnibus には「乗合バス」，「オムニバス映画」，「（テレビの）総集編」など複数の意味があったが，短縮された bus には「乗合バス」の意味しか残っていない。また，vegetarian は肉は食べないが卵や乳製品は必ずしも避けない人を指すが，短縮語の vegan は動物由来の物はすべて避ける「完全菜食主義者」の意味で使われることが多い。

　人名や地名を親しみを込めて短くする愛称化（nicknaming）も短縮現象に含めて良いだろう。

(19) a. 人名
　　　　Catherine → Cathy, Kate
　　　　Edward → Ed, Ned, Ted
　　　　Elizabeth → Eliza, Beth, Liza
　　　　Joseph → Joe, Joey
　　　　Margaret → Maggie, Meg, Peg, Peggy
　　　　Richard → Rick, Dick
　　　　William → Bill, Billie, Will, Willy
　　b. 地名
　　　　Birmingham → Brum
　　　　San Francisco → Frisco

(19a) は人名の短縮，(19b) は地名の短縮の例である。なお，人名の愛称化では，音の響きや言いやすさを重視するため，元の音を著しく逸脱する例も見られる。

## 2.5.2. 混成

2つの語の一部を切り取り，それを合成して新しい語を作る方法は混成 (blending) と呼ばれる。

(20)　balloon (気球) + parachute (パラシュート) → ballute (気球形のパラシュート)
　　　breakfast (朝食) + lunch (昼食) → brunch (朝食を兼ねた昼食)
　　　information (情報) + entertainment (娯楽) → infotainment (娯楽情報番組)
　　　motor (自動車) + hotel (ホテル) → motel (自動車旅行者用ホテル)
　　　smoke (煙) + fog (霧) → smog (煙霧)
　　　stagnation (不況) + inflation (物価高騰) → stagflation (景気沈滞下の物価高)

混成語は『鏡の国のアリス』(1871年) で Lewis Carroll (ルイス・キャロル) が slithy (slimy + lithe) や mimsy (miserable + flimsy) などの造語を使ったのが最初とされている (その際，旅行かばんに擬えて意味を説明したので，かばん語 (portmanteau word) とも呼ばれる) が，Bauer (1994) によると，20世紀に入ってから英語で数多く作られるようになった。

混成語は混成の元になる複合語が必要ない (例えば *breakfast lunch という複合語は存在しない) という点で，次のような複合語の短縮とは質的に異なる。

(21)　breath analyzer → breathalyzer (飲酒検査器)
　　　documentary drama → docudrama (ドキュドラマ)
　　　news broadcast → newscast (ニュース放送)

parachute troops → paratroops（落下傘部隊）
telephone banking → telebanking（銀行の電話取引）

なお，heliport（ヘリコプター発着場）に関しては，helicopter + airport の混成と分析される場合もあるが，heli- が前部連結形である可能性や，port が airport（空港）からの切り取りではなく，最初から port（港）である可能性など，語源的な扱いがやや難しい。実際，heliambulance（救急ヘリコプター）や heli-skiing（ヘリスキー）などでは heli- が独立して語形成に関与しているように思われる（注4も参照）。

### 2.5.3. 逆形成

逆形成（back-formation）は，特定の語尾の形式を接辞と混同し，それを取り除いて新しい品詞を作る語形成である。

(22)　burglar（強盗）→ burgle（強盗する）
　　　editor（編集者）→ edit（編集する）
　　　juggler（曲芸師）→ juggle（ジャグリングをする）
　　　peddler（行商人）→ peddle（売り歩く）

例えば，burglar という語の語末の -ar は本来，接尾辞ではなかった（burglar という語自体がラテン語由来の burglator の短縮形で16世紀に英語に借用された）が，burglar の意味が「家に押し入り盗みを働く人」で，-ar の発音が動詞に付いて「～する人」を表す -er に似ていたことから，これを接尾辞と勘違いして取り除き，動詞形を作り出したとされる。通常，新しい品詞の語は語基に接尾辞を付加して派生させるが，ここではそれとは真逆のプロセスが行われているため，「逆」形成という名前が付いている。

逆形成は，定義上，接尾辞と「混同した」語尾を取り去ること

(つまり，(22) の例のように本来接辞ではない部分を接辞と勘違いして取り去ること）を意味していたが，最近では，本当の接尾辞を取り去って品詞を変える，以下のような例も逆形成と呼ぶ。

(23)  baby-sitter（ベビーシッター）→ baby-sit（子供の世話をする）
headhunting（スカウト）→ headhunt（引き抜く）
housekeeping（家事）→ housekeep（家事をする）
lip-reading（読唇術）→ lip-read（読唇する）
recycling（リサイクル）→ recycle（再利用する）
television（テレビ）→ televise（テレビで放送する）
typewriter（タイプライター）→ typewrite（タイプライターで文字を打つ）

このような新しいタイプの逆形成の多くは接尾辞を含む複合語を切り取っていることに注目されたい。つまり，先に接尾辞を含む派生語（例：sitter）と他の語（例：baby）の複合が行われ，その複合語（例：baby-sitter）がある程度定着した後に逆形成が起こり，新しい品詞の語（例：baby-sit）が生まれる。このような逆形成による品詞の変更は，新しい技術や概念が新語を生み出し続けた 19 世紀から 20 世紀にかけて多く見られた（ちなみに，baby-sit の辞書の初出は 1947 年である）。

### 2.5.4. 頭文字化

頭文字化（initialism）は，主に書き言葉で語の頭文字（initial letter）を組み合わせて語や句を短くしたものである。(24a) のように頭文字をアルファベット読みする略語（abbreviation）と，(24b) のように頭文字を普通の英単語のように読む頭字語（acronym）の 2 種類がある。

(24) a.　CIA ← Central Intelligence Agency（中央情報局）
　　　　DJ ← disc jockey（ディスク・ジョッキー）
　　　　DNA ← deoxyribonucleic acid（デオキシリボ核酸）
　　　　EFL ← English as a foreign language（外国語としての英語）
　　　　FBI ← Federal Bureau of Investigation（連邦捜査局）
　　　　MC ← master of ceremonies（司会者）
　　　　NG ← no good（少しも良くない）
　　　　OK ← oll korrect（大丈夫；all correct の異綴り）
　　　　UFO ← unidentified flying object（未確認飛行物体）
　　　　VIP ← very important person（重要人物）
　　b.　AIDS ← acquired immune deficiency syndrome（後天性免疫不全症候群）
　　　　laser ← light amplification by stimulated emission of radiation（励起誘導放射による光増幅）
　　　　NATO ← North Atlantic Treaty Organization（北大西洋条約機構）
　　　　radar ← radio detecting and ranging（無線方向探知機）
　　　　scuba ← self-contained underwater breathing apparatus（自給式潜水用呼吸装置）
　　　　TEFL ← teaching English as a foreign language（英語を外国語として教える資格）
　　　　UNESCO ← United Nations Educational, Scientific and Cultural Organization（国際連合教育科学文化機関）

両者の境目はそれほどはっきりしているわけではないが，一般に4文字以上の長さになると頭字語になる傾向がある。したがって，

同じ部分を含んでいても，EFL（イー・エフ・エル）は略語読みで，TEFL（テフル）は頭字語読みになる。特に日本人は UFO を「ユーフォー」，VIP を「ヴィップ」と読む人が多いが，これらは英語圏では通じないので注意が必要である。なお，VIP に関しては，さらに重要度が増した VVIP（very very important person）という語も可能だが，これは 4 文字で構成されていても「ヴィー・ヴィー・アイ・ピー」と略語読みする。また，CD-ROM（シー・ディー・ロム）（← compact disc with read-only memory）のように略語と頭字語が組み合わさった例もある。先に挙げた Bauer（1994）の調査では，略語の数も 20 世紀後半に大きく増加している。

# 第 3 章　語の内部構造

## 3.1.　IC 分析

　第 2 章では様々な語成過程を見たが，複合や派生など，2 つ以上の形態素が組み合わさって語を形成する時，そこには構造 (structure) が出来上がる。構造を直接構成する要素を直接構成素 (immediate constituent: IC) と言い，それ以上分割できない最小の要素を究極構成素 (ultimate constituent) と言う。

　例えば，ungentlemanly という語は，un-, gentle, man, -ly の 4 つの究極構成素から成る。ungentlemanly は，まず un- と gentlemanly の 2 つの直接構成素に分かれる。gentlemanly は gentleman と -ly に分かれ，gentleman はさらに gentle と man に分かれる。

(1)　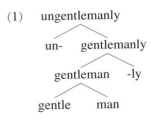

このように，構造を究極構成素に至るまで2つの直接構成素に分解していくことを直接構成素分析（IC分析）と言う。

本章では，語をIC分析することによって，語形成にどのような規則や制約があるかを明らかにしていく。特に，生産性の高い複合語や派生語であっても，自由に語形成できるわけではなく，一定の文法的なルールに従っていることを見ることで，形態論の世界から人間言語の普遍的な特徴を垣間見ることができることを示す。

## 3.2. 語の主要部

2つ以上の形態素から成る複合語や派生語には語の主要部（head）が存在する。主要部とは，一義的には語全体の品詞を決定する要素である。

例えば，overflow, threadbare, handymanなど，品詞の異なる語を合成した複合語の内部構造を見てみよう（以下では各構成素のカテゴリーをV（動詞），A（形容詞），N（名詞），P（前置詞）などのアルファベットで示す）。

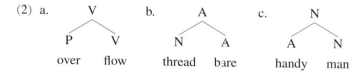

(2)では複合語を形成するそれぞれの直接構成素の右側の品詞が複合語全体の品詞と一致している。

このことは接尾辞を用いた派生語でも同様である。

(3)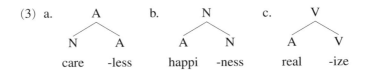

2.3 節で見たように、接尾辞は語基の品詞を変える働きを持つ。-less, -ness, -ize はそれぞれ形容詞、名詞、動詞を作り出す接尾辞なので、これらを A, N, V というカテゴリーに分類すると、派生語でも右側の要素が派生語全体の品詞と一致する。

一方、接頭辞には一部の例外を除いて語基の品詞を変える働きはないので、以下の派生語では語基の品詞がそのまま派生語全体の品詞になる（以下、接頭辞のカテゴリーは Pre で表示する）。

(4)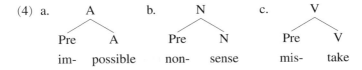

このように複合語や派生語では、いずれも右側の直接構成素が合成語全体の品詞を決定している。このことを Williams (1981) は「右側主要部の規則」と呼んでいる。

(5) 右側主要部の規則 (Righthand Head Rule)
    複合語および派生語においては右側の要素が主要部になる。

右側主要部の規則は、より複雑な合成語に対しても有効である。冒頭で紹介した ungentlemanly の構造を見てみよう。

(6)
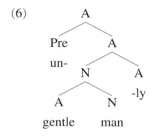

ここでもそれぞれの直接構成素間において右側の要素が主要部になっていることが確認できる。このように，右側主要部の規則は，構造的に複雑な語でもその語の品詞がすぐに分かるように機能している。

では，次のような複合語の場合はどうだろうか。

(7)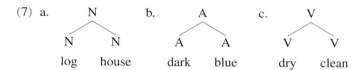

これらの複合語では合成される要素の品詞が同じなので，一見，どちらの要素が全体の品詞を決定しているか分からない。このような場合は，意味による主要部の判断が必要になる。

Allen (1978) は，合成語の主要部の意味的な決定方法として，「IS A の条件」を提案している。

(8) IS A の条件 (IS A Condition)
　　X と Y から成る合成語 XY は意味的に Y の一種と解釈できる（="XY is a kind of Y." が成り立つ）。

2.2 節で見たように，複合語の多くは右側の要素と包摂関係を築く。つまり，log house は house の一種であり，dark blue は

blueの一種，dry cleanはcleanの一種である。この条件を満たす限りにおいて，複合語では右側の要素が意味の中心，つまり主要部であると言うことができる。Allenはこの条件を複合語だけでなく，派生語にも拡大しているので，(8)の扱う範囲は(5)と同じと言ってよい。派生語に関しては，IS A の条件は分かりにくいかもしれないが，例えば，driverは「運転する人」であり，「人」という意味は -er という接尾辞から出てくるので，意味的に右側が主要部と言える。

　もちろん，すべての合成語で右側が主要部になるわけではない。2.2節で見たように，合成される要素が等位接続されるものもあるし，2.3節で見たように，語基の品詞を変える接頭辞もある。実際，合成語の2要素間の関係を主要部（Head: H）と修飾部（Modifier: M）に分けると，その論理的な組み合わせは次の4通りがあるが，そのすべてで実例が見つかる。

(9) a. MH型：catfish, eggplant, fire-fighter, watermelon
　　b. HM型：awake, encourage, debug, outsmart
　　c. HH型：singer-songwriter, bitter-sweet, cook-chill
　　d. MM型：pickpocket, scarecrow, egghead, handout

この中で最も多いのは右側主要部の規則に従う(9a)であるが，左側が主要部のものも品詞を変える接頭辞が付く(9b)のような派生語で見つかる。また，(9c)のように，どちらも主要部と考えられるものは等位複合語である。(9d)の pickpocket（すり）は，全体の品詞は pocket と同じ名詞だが，意味的に pickpocket は pocket の一種ではないので，複合語内に主要部は存在しない。強いて言えば，pickpocket は a person who picks pockets という意味なので，主要部は複合語の外にある person である。同様に，所有複合語の egghead（インテリ）や句動詞がそのまま名詞

化した handout（配布物）も，複合語内部に主要部はない。(9a) や (9c) のように複合語内に主要部があるものを内心複合語 (endocentric compound) と言い，(9d) のように複合語の外に主要部があるものを外心複合語 (exocentric compound) と言う ((9b) は複合語ではないので，ここでは外しておく)。この他，jack-in-the-box（びっくり箱）や rent-a-crowd（サクラ）などは，統語部門で作られた句構造に由来する内心複合語である。

### 3.3. 可能な語と不可能な語

統語論では文を文法的 (grammatical) か非文法的 (ungrammatical) かに二分するが，形態論では語を可能 (possible) か不可能 (impossible) かに分けられる。

派生語に注目すると，接辞の多くはその語基となる要素の品詞に制限がある。例えば，同じ名詞化接辞の -ment と -ness では，前者が動詞に付くのに対して，後者は形容詞に付くという違いがある。

(10) a. arrangement, development, enjoyment, involvement, settlement, treatment
   b. brightness, coldness, emptiness, greatness, happiness, kindness

このように，ある語彙が共起する要素の性質（主に品詞）を指定することを下位範疇化 (subcategorization) と言う。したがって，それぞれの接辞の下位範疇化の情報に違反する語（例えば，*arrangeness や *brightment）は形態論的に不可能な語 (impossible word) ということになる。

接頭辞では，un- は形容詞にも動詞にも付くが，どちらに付く

かによって意味が異なる。

(11) a. unable, uneasy, unfair, unhappy, unkind, unjust
     b. unbend, unfasten, unfold, unlock, unpack, untie

(11a) の un- は元の形容詞が表す状態の「反対」を意味するが，(11b) の un- は元の動詞が表す動作を「元に戻す」という意味になる（この他，数は少ないが，un- は unemployment（失業）や untruth（虚偽）のように一部の名詞にも付く）。

では，次の文の undoable の解釈の曖昧性（ambiguity）はどのように説明できるだろうか。

(12) a. This plan is undoable.（この計画は実行不可能だ）
     b. This operation is undoable.（この操作は元に戻せる）

この undoable の 2 通りの解釈は，それぞれ以下のような構造を反映している。

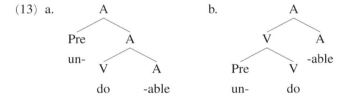

(13a) のように un- が doable（実行可能な）に付く場合は「実行不可能な」という意味になり，(13b) のように un- が do に付加して undo（元に戻す）を作り，そこに -able が付く場合は「元に戻すことができる」という意味になる。このように語の解釈の曖昧性もその内部構図を見ることで説明できる。なお，unbelievable や unreliable には un- が believable（信じられる）や reliable（信頼できる）に付く「信じられない」や「信頼できない」という意

味しかないが，これは「信じる」や「信頼する」という心理的変化は一度起こると簡単に元に戻すことができず，undo と違って *unbelieve や *unrely という動詞が意味的に成立しない（つまり，believe や rely では (13b) の構造は作れない）ことによる。

　接辞についてもう1つ重要なのは語種の制限である。語種というのは語の語源的な分類で，英語の場合，英語本来の語であるアングロサクソン系か，英語にとっての外国語に当たるラテン系かで大きく分かれる。接辞との関係で言えば，-ity は形容詞に付いて名詞を作るが，語種としてラテン系を選択するという制限がある。したがって，active や civil のようなラテン系の形容詞には -ity を付けられるが，big や kind のようなアングロサクソン系の形容詞は -ity による名詞化を受けない。

(14) a.　activity, civility, electricity, mobility, serenity
　　 b.　*bigity, *kindity, *shortity, *tallity, *warmity

アングロサクソン系の形容詞を名詞化するのに -th という接辞があるが，これはアングロサクソン系の形容詞でも length, strength, truth, warmth, width, youth などの限られたものにしか付かない。したがって，-th を付けられない場合は -ness のような語種を選択しない接辞を使って，bigness, kindness, shortness, tallness とする必要がある。

　-ness の汎用性が高いことは，語種の制限がないだけでなく，-ness が straightforwardness, unexpectedness, user-friendliness などの複雑な合成語に付くことからも分かる。すなわち，-ness は複合や派生が終わった後の語形成の比較的「遅い」段階で語基に付加するということである。実際，接辞には語基に付加する順番があるとされており，これを「レベル順序付けの仮説」と言う (Siegel (1974), Allen (1978), Kiparsky (1982, 1983))。

(15)　レベル順序付けの仮説 (Level-Ordering Hypothesis)
　　　　複合語形成や接辞付加などの語形成過程は，レベルごとに順序立てて行われる。

これによると，語形成にはいくつかのレベルがあり，1つのレベルが終わったら次のレベルに移り，前のレベルには戻れない。ここでは英語の接辞を，語基に先に付くクラス I と後に付くクラス II の2グループに大まかに分類して説明する。[1]

(16) a.　クラス I 接辞
　　　　接頭辞：con-, de-, dis-, in-, para-, sub- など
　　　　接尾辞：-ation, -ee, -(i)an, -ic, -ity, -ize, -ous, -th など
　　b.　クラス II 接辞
　　　　接頭辞：anti-, auto-, circum-, hyper-, neo-, pro-, un- など
　　　　接尾辞：-dom, -er, -ful, -ism, -less, -ly, -ness など

一般に，クラス I とクラス II の接辞は以下の3つの形態音韻的な基準によって区別される（上記に加えて，Mohanan (1982), Selkirk (1982) も参照）。

---

[1] (16) の分類は本書での便宜的なもので，どの接辞がどのクラスに入るかは研究者間で一致しているわけではない。

|  | クラス I | クラス II |
|---|---|---|
| (17) a. 拘束形態素に付くか | Yes | No |
| b. 語の綴りや発音が変わるか | Yes | No |
| c. 語基の強勢移動を起こすか | Yes | No |

例えば，クラス I の in- は inept, inert のように拘束形態素にも付く（下線部のみでは語として成立しないことに注意）。また，impractial, irreligious では，in- が語基の語頭の音に同化して im- や ir- に変化している。さらに，in- は pótent → ímpotent, píous → ímpious, fínite → ínfinite のように語の強勢移動にも関与する。一方，同じ否定の接頭辞でも，クラス II の un- は拘束形態素には付かないし（例：*unept, *unert），後ろに来る語の音によって音韻変化を起こすこともない（例：unpractical, unreligious）。また，fórtunate → unfórtunate, pópular → unpópular, réasonable → unréasonable から分かるように，un- は語基の強勢移動も引き起こさない。このような接辞の特徴は，それぞれの接辞がどのように英語に入ってきたかという歴史とも関連しており，一般的な傾向として，ラテン語やロマンス系の言語に起源を持つ接辞（つまり英語にとって外国語由来のもの）は制限の多いクラス I に多く，グルマン系の言語に由来するものはクラス II に多い（Burzio (1994)）。

レベル順序付けの仮説によると，クラス I の接辞の外側にクラス II の接辞は付加できるが，その逆はできない（(18) の [ ] 内の下付きローマ数字はその派生が行われるレベルを表す）。

(18) a. *[I [II booksell-er]-ian]　cf. [II [II booksell-er]-ism]
　　 b. *[I [II Mendel-ism]-ian]　cf. [II [I Mendel-ian]-ism]
　　 c. *[I [II Mongol-ism]-ize]　cf. [I [I Mongol-ian]-ize]

例えば, (16) の分類では, -er はクラス II, -ian はクラス I なので, -er の外に -ian を付加して *booksellerian という語を作り出すことはできない。一方, -ism はクラス II なので, クラス II 同士を付加した booksellerism は（実際にそれを使うかどうかは別として[2]）可能な語 (possible word) ということになる。(18) の例より, 複数の派生が行われる際は, 新しく付加する接辞がすでに付加されている接辞と同じレベルか, その後のレベルでなければならないことが分かる。

では, 次のような語の不適格性はどのように説明できるだろうか。

(19) a. *unharmless, *unhopeless, *unspeechless
    b. *unbad, *undirty, *undishonest, *unmalformed

レベル順序付けの観点から見ると, (19a) の un-X-less という形式は, un- も -less もクラス II の接辞であるので問題ない。むしろ, (19a) の不適格性は意味的な問題と考えられる。*unharmless を例に取ると, この語は harm という名詞に接尾辞 -less が付き, さらに接頭辞の un- が付くことで派生する。ここで問題になるのは,「反対」を意味する un- が付く時に, すでに harmful という別の派生語が考えられることである。この -ful も un- と同じクラス II の接辞である。つまり, *unharmless という 2 回の派生で表そうとする意味が, harmful という 1 回の派生で事足りるわけである。このような場合, わざわざ *unharmless という複雑な語形成を行う必要はないので, この派生は中止される。同様に, (19b) でも, *unbad には good, *undirty には clean,

---

[2] Oxford English Dictionary によると, booksellerism という語は 18 世紀後半には使われていたが, 今は廃れている。

\*undishonest には honest, \*unmalformed には well-formed というより単純な語があるので派生されない。このように, 既存の語 (actual word) が可能な語の登場を阻む現象を「語彙の阻止」と言う (Kiparsky (1982, 1983))。

(20) 語彙の阻止 (lexical blocking)
語形成規則によって作られた語は, すでに存在する語と同義であってはならない。

語彙の阻止は先に述べたレベル順序付けにも関連しており, ある派生が行われる前にすでに同じ意味の語が作られる場合は, その派生が阻止される。例えば, 以下の名詞はすべてクラスIIの -ness を使った派生だが, すでにクラスIの名詞化接辞で同じ意味の語が作れるため阻止される (阻止する側の語を括弧内に矢印で示す)。

(21) \*ableness (←ability), \*beautifulness (←beauty), \*decentness (←decency), \*highness (←height), \*longness (←length), \*pitifulness (←pity), \*prominentness (←prominence), \*regularness (←regularity), \*sincereness (←sincerity), \*truness (←truth)

このうち, ableness や beautifulness などは辞書に載っている場合もあるが, 標準的な英語としてはほとんど使われない。また, Allen (1978) の拡大順序付け仮説 (Extended Ordering Hypothesis) や, Kiparsky (1982) や Mohanan (1982) らの語彙音韻論 (Lexical Phonology) のモデルでは, 複合や転換などの語形成もレベル順序付けの中に位置付けられるので, 例えば, wrong (不正) が転換してすでに名詞化していれば, 同じ意味の \*wrongness という派生は阻止される。[3]

　上記のように，語彙の阻止は，派生される語と元の語が同語源の場合に多く起こるが，*stealer（←thief）のように，必ずしも語源が同じでなくても観察できる（Kiparsky (1983)）。また，派生される語が同義でなければ語彙の阻止は解除されるので，例えば base stealer（[野球で]盗塁する人）や scene-stealer（[映画などで]主役を食う脇役）など，特定の意味を表す複合語でなら stealer という形式も許容される。同様に，動詞 cook はそのまま転換して名詞 cook（料理する人）を作り出せるので，cooker という派生語は人ではなく調理器具のみを指す。しかし，これを bad cooker という句にした場合は，「料理しにくい調理器具」という意味の他に「料理が下手な人」も表せる（もちろん，bad cook という表現もあり，これは「料理が下手な人」しか指さない）。つまり，語彙の阻止は，その語が語形成規則によって「作れない」(impossible) というよりは，「作れるけど使わない」(possible but not actual) というのが正確である。

　こう考えると，次のようなパラダイムもうまく説明できる。

(22)　I'm going to {*spring / summer / *fall / winter} in Rome.

季節を表す spring, summer, fall, winter という名詞はそのまま転換して「〜を過ごす」という自動詞になるが，このうち，実際に英語で使えるのは summer と winter だけである。これは spring には「跳ねる」，fall には「落ちる」という別の意味の動詞がすでに存在するので，仮に名詞を動詞化しても英語母語話者が解釈を混同してしまうためである（ちなみに，「跳ねる」の spring

---

[3] 拡大順序付け仮説や語彙音韻論の枠組みについては，中村・西原（2023）の第8章を参照。

と「春」の spring,「落ちる」の fall と「秋」の fall は同語源である)。実際,そのような曖昧性を除去すれば,以下の例のように「春／秋を過ごす」という動詞を作り出すことは可能である。

(23) She springed in London, summered in Stockholm, autumned at Vichy, and wintered at Monte Carlo.

(1950 年, *Chambers's Journal*, p. 269)

(23) では四季を表す動詞を並べることで,spring の意味を「跳ねる」ではなく「春を過ごす」に限定している(この時,spring の過去形が springed と規則活用していることに注意)。また,fall の代わりに autumn を使うことで「秋を過ごす」という動詞を作ることにも成功している。

### 3.4. 語形成に関わる統語的条件

話を複合語に移そう。2.2 節で様々な複合語を紹介したが,そのほとんどは名詞を中心にし,右側主要部の規則に適合するものであった。このような複合語は名詞型複合語 (noun-centered compound) または一次複合語 (primary compound) と呼ばれる。一方,複合語の中には以下のように動詞を中心にしているものもある。

(24) bus driver, city-dweller, fox-hunting, lifeguard, word-formation

これらの複合語は動詞要素を主要部に持ち,その項 (argument)(動詞が意味的に要求する名詞表現)を複合の相手としている。例えば,bus driver は drive a bus という動詞句をベースとしており,bus は drive の目的語である。このような動詞を中心とす

る複合語は動詞型複合語（verb-centered compound）または二次複合語（secondary compound）と呼ばれる。動詞型複合語の動詞要素は，-er や -ing などの派生接辞によって名詞化しているものが多いが，中には lifeguard の guard のように転換して名詞化しているものもある。

動詞型複合語に現れる動詞と名詞の文法関係に注目すると，名詞要素が動詞要素の主語になるもの，目的語になるもの，前置詞付き目的語になるものの3種類に分けられる。

(25) a. 名詞が動詞の主語になるもの
　　　　earthquake（←The earth quaked.), heartbeat（←My heart beat rapidly.), landslide（←The land slid.), rainfall（←The rain fell.)
　　b. 名詞が動詞の目的語になるもの
　　　　car-maintenance（←maintain a car), dishwasher（←wash a dish), handshake（←shake hands), sightseeing（←see a sight)
　　c. 名詞が動詞の前置詞付き目的語になるもの
　　　　church-going（←go to church), city-dweller（←dwell in a city), freedom fighter（← fight for freedom), stargazing（← gaze at the stars)

実はこの3つはすべて構造的に共通している。まず (25a) に登場する動詞は非対格動詞（unaccusative verb）と呼ばれる自動詞である。非対格動詞の主語は基底構造において他動詞の目的語と同じ位置を占めると考えられている（Burzio (1986))。したがって，(25a) の名詞の統語上の位置は (25b) と同じということである。次に，(25c) だが，これらの複合語に現れる動詞は非能格動詞（unergative verb）と呼ばれる自動詞である。この動詞の特

徴は非対格動詞と違って目的語がなく，動詞のすぐ隣に前置詞句や副詞句が来るということである。したがって，それぞれの複合語の元となる動詞句の統語構造を樹形図で書くと次のようになる。

(26) 

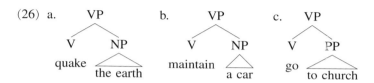

ここから動詞のすぐ右側の要素の冠詞や前置詞を取り去って動詞と複合したものが(25)の複合語である。

　ここで重要な点が2つある。1つは，(25)で動詞と結合している名詞はすべて動詞から見て一番近い名詞と言うことができる。これをRoeper and Siegel (1978)は「第一姉妹の法則」と呼んでいる。

(27)　第一姉妹の法則 (First Sister Principle)
　　　動詞型複合語は，動詞とその第一姉妹の要素を複合することで作られる。

「第一姉妹」というのは統語論上の概念であるが，ここでは樹形図で見て「すぐ隣」と捉えて差し支えない。

　もう1つは動詞と名詞の語順である。つまり，(26)から明らかなように，実際の統語構造では動詞は複合される名詞に先行するが，これを複合語にした時には語順が逆転し，動詞要素は必ず複合語の右側に現れる。これは動詞型複合語も右側主要部の規則に従うことを意味しており，統語構造を参考にしてはいるが，れっきとした語彙部門での語形成であることを示唆している。したがって，複合する際には冠詞や前置詞などの余分の要素を取り

去ったり（例：*the-earthquake, *to-church-goer），屈折接辞を取り去ったりする（例：*handsshake）。

　動詞型複合語でもう1つ大事な制約は，動詞と複合できる名詞要素は1つに限られるということである。例えば，tell のような動詞は，通常の文で使用する場合，(28a) のように直接目的語 (a story) と前置詞付き目的語 (to his child) の両方を取れる（このうち，to his child は省略可能なので括弧に入れる）。

(28)　a.　John told a story (to his child).
　　　b.　storytelling, *child-telling, *child-storytelling

しかし，この動詞から作られる動詞型複合語は storytelling のみで，*child-telling のように動詞から遠い要素を動詞と結合したり，*child-storytelling のように2つの目的語を両方とも複合語内に収めることはできない。このことは Selkirk (1982) の「第一投射の条件」で説明される。

(29)　第一投射の条件 (First Order Projection Condition)
　　　主語以外の項は，動詞の第一投射の中で満たされなければならない。

「第一投射」というのは，要するに動詞とすぐ隣の要素で構成される統語的なまとまりのことである。例えば，動詞 tell が作り出す統語構造を次のようであると仮定すると，

(30)
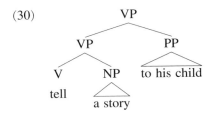

この中から目的語の story を動詞と複合させることは問題ないが，前置詞付き目的語の child までを複合語内に含めることはできない。

また，第一投射の条件は，hand や put など，動詞が義務的に2つの目的語を要求する場合は動詞由来複合語がそもそも不可能であることも予測する。

(31) a.　hand a toy to the baby, put boots on the shelf
　　 b.　*hand a toy, *hand to the baby, *put boots, *put on the shelf
(32) a.　*toy handing to babies, *boot putting on the table
　　 b.　*baby toy handing, *table boot putting

(31) に示すように，hand や put は tell と違い，2つの目的語をいずれも省略することができない。この場合，両方の目的語を動詞に合成しないとこれらは「満たされた」ことにはならないが，第一投射の条件はそれを許さないので，(32) のように hand や put では動詞型複合語がまったく作れないことが帰結する。

ちなみに，(29) で「主語以外の項は」となっているのは，主語は所有格や by 句で複合語の外に表現することができるからである。

(33) a.　John's storytelling
　　 b.　the storytelling by John

これに対して，*baby-crying のように，非能格動詞の主語が複合語内に現れないという制約は，先の「第一姉妹の法則」で説明できる。

(34) a. *baby-crying (←The baby cried.)

b.
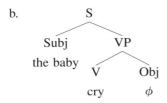

つまり，(34b) のように，非能格動詞の目的語位置は空いており，主語は動詞より高い位置を占めるので，構造的に動詞の第一姉妹にはなり得ない。より一般的に言えば，非能格動詞や他動詞の主語は常に動詞とは異なる階層に位置するので，いかなる場合も複合語内に含めることはできない。中には catwalk や horse-laugh のように主語を含んでいるように見える複合語もあるが，これらは walk for a cat（猫が通るような長くて狭い道）や laugh like a horse（馬がいなないているような甲高い笑い声）という意味で，cat や horse は動詞の主語ではない。

## 3.5. 語の編入

本章の最後に，話を英語から他の言語に移してみよう。1.4 節で抱合語について紹介したが，そのような言語では語や接辞などの要素が主要部となる名詞や動詞に次々に接続していく。

例えば，以下のアイヌ語の例では，英語の前置詞 in に当たる後置詞 ta を (35a) のように動詞 horari と離して置くことも，(35b) のように動詞に接続させることもできる。

(35) a.  Poro  cise   ta horari.
         big   house  in live
     b.  Poro  cise   e-horari.
         big   house  APPL-live

'He lives in a big house.' (Shibatani (1990: 65))

後置詞が動詞と接続する場合，e- という特別な形に変化する。これを適用形 (applicative form: APPL) と言う。

　Baker (1988) はこのような語形成では編入 (incorporation) という統語的な操作が関わっていると分析している。その仕組みを簡単に説明してみよう。まず，(35a) の動詞句の構造を図示すると次のようになる。

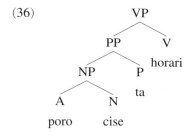

ここから後置詞が動詞の位置に主要部移動 (head movement) を起こし，形態的に動詞に付加すると，(37) の構造になる。

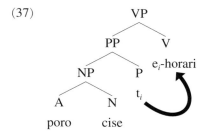

このように，(35b) の e-horari という動詞形成は統語構造に基づいて行われると考えられている。

　ここで大事な点が2つある。1つは，このような操作は統語構

造で行われると考えられるので，編入の前後で文の意味は基本的に変わらないことである。つまり，(35a, b) の論理的な意味は (36) の基底構造が与えられた段階でほぼ決まっている。もう1つは，語順である。(36) の構造から分かるようにアイヌ語は（日本語と同じ）主要部後置型言語である。しかし，後置詞が動詞に編入する際は動詞の左側に適用形が付加する。これは編入（主要部移動）が句構造を組み上げる併合（merge）という操作とは異なり，あくまで形態的な語形成の一種であることを物語っている。

　もう1つ例を見てみよう。次の例では，後置詞 ari だけでなく，その目的語である tek も主要部名詞に編入している。

(38) a.　tek　ari　kar-pe
　　　　hand　with　make-thing
　　　　'things made by hand'
　　b.　tek-e-kar-pe
　　　　hand-APPL-make-thing
　　　　'hand-made goods'　　　　　　　(Shibatani (1990: 66))

注目してほしいのは，編入は統語構造の下から上へ順番に起こるので，tek が ari に編入する際も，tek-ari が kar-pe に編入する際も，いずれも相手の左側に付加することである。ここでも後置詞の ari は編入時に適用形の e- に置き換わっている。

　Kageyama (2016) は次のような日本語の N+V 型の動詞形成で名詞の動詞への編入が起こっていると述べている。

(39) a.　芽生える，芽吹く，目覚める，色付く，色褪せる，傷付く，気付く，波立つ，波打つ，泡立つ，渦巻く，息絶える，腹立つ，元気付く，花開く

b. 習慣付ける，身構える，手間取る，名付ける，棹さす，鞭打つ，あだ為す，気遣う，年取る，腰掛ける，骨折る，陣取る，銘打つ，勇気付ける，精出す
c. 旅立つ，背負う，身籠る，巣籠る
d. 爪先立つ，垣間見る，垣間見える，手招く，上回る，下回る，下垂る（滴る），遠去かる，手渡す，爪弾く，腹這う，手挟む

(39a) は名詞要素が動詞の主語になるもの（例：芽が生える），(39b) は名詞要素が動詞の目的語になるもの（例：習慣を付ける），(39c) は名詞要素が動詞の与格補語になるもの（例：旅に立つ），(39d) は名詞要素が動詞の付加詞（副詞）になるもの（例：爪先で立つ）である。以下のように，いずれの場合も，名詞要素は動詞に隣接していると考えられ，編入の統語的条件は整っている（ただし，(40d) については，後置詞が編入を妨げないと仮定する必要がある）。

(40)
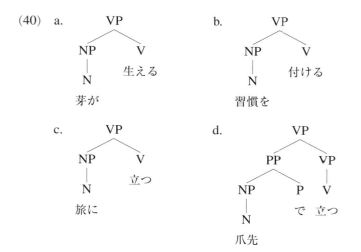

このような統語構造での編入によって出来上がった動詞は,「芽生えた」や「芽生えない」のように,それ自体が動詞として屈折するのが特徴である。つまり,これらは「火が付く」から「火付き」,「槍を投げる」から「槍投げ」,「バターで焼く」から「バター焼き」を作るような動詞型複合語とは根本的に違う。動詞型複合語は基本的に動詞から名詞を作る語形成であり,動詞として使う時は「槍投げをする」のように新たに動詞要素を付け加える必要がある。日本語では動詞型複合語の生産性は高いが,(39) のような編入タイプの複合動詞は極めて少ない。英語でも,baby-sit, brain-wash, chain-smoke, ghost-write, job-share, mass-produce, proofread, sky-dive, sleepwalk, spoon-feed, spring-clean, stage-manage, tape-record, window-shop などは動詞型複合語から逆形成されているし,background, bypass, daydream, input, nosedive, overdose, upstage などは動詞型複合語から転換されているので,純粋に編入による語形成とは言えない。

# 第4章　語の意味分析

## 4.1. 意味の透明性と語彙化

　母語話者の頭の中にある語を蓄えておく抽象的な「辞書」をレキシコン (lexicon) と呼び, 語がレキシコンに登録されることを語彙化 (lexicalization) と言う。

　1.3 節で語と句の違いについて述べたが, そこで重要であったのは, たとえ同じ要素で作り上げた表現であっても語と句では意味が異なるということである。例えば, darkroom は「写真現像／研究／診療のため」という特定の目的のために存在する部屋を指し, dark room は「暗い」という特定の属性を持つ部屋を指す。このうち, 「暗い」という意味は dark から予測できるが, 「写真現像／研究／診療のため」という意味は, 普通 dark からは予測できない。このような全体の意味がその構成要素から予測可能かどうかという基準を「意味の透明性」(semantic transparency) と言う。darkroom のように意味が不透明な複合語は, 予め覚えておかなければ実際には使えないが, dark room のように意味が透明な句であれば, いちいち覚えておく必要はない。つまり, 語はレキシコンに登録しておく必要があるが, 句はその必要はない

ということである。

この他，Bauer et al. (2013) は，語彙化されなければならないものとして以下を挙げている。

(1) a. 句が語彙化したもの：forget-me-not（忘れな草），house of God（教会）
   b. 慣用句：by and large（全般的に），red herring（人の気をそらすもの）
   c. 句動詞：put up with（～に耐える），run up（急に増す），do in（へとへとに疲れさせる）
   d. 固定化した比喩表現：be like a dog with two tails（大喜びして）
   e. 諺：Too many cooks spoil the broth.（船頭多くして，船，山に上る）

これらは darkroom と同様，いずれも意味が不透明な表現と言える。

では，特定の言語において考えられるすべての語をレキシコンに登録しておかなければならないかと言うと，もちろんそうではない。単純語はともかく，第2章で紹介した様々な語形成過程によって作られる生産的な語には特定の意味のパターンが存在するので，そのパターンに従うものはわざわざ覚えておかなくてもその場で意味を予測して理解することができる。それだけでなく，そのパターンを話者同士で共有していれば，それまで見聞きしたことのない新しい語でも自由に作り出すことが可能になる。

そこで，本章では，語の意味を理論的に研究する語彙意味論（Lexical Semantics）に基づいて語の意味と形態論の関係性を探った影山（1999）に倣い，意味が比較的透明な語形成に限り，そこにどのような意味解釈のパターンが存在するかを明らかにしていく。

## 4.2. 単純語の意味

合成語について検討する前に，まずは単純語を見て，語の意味の基本的な概念を確認しておこう。

まず，語の意味を考える際に理解しておかなければならないのは，語は形式（音や文字）と意味が組み合わさったものであるが，その関係に必然性はないということである。例えば，英語の dog は「🐕」のような動物を指すが，それを /dɔg/ という音の配列で呼ぶ必然性はない。実際，同じ動物を日本語では /inu/ と呼ぶし，フランス語では /ʃjɛ̃/（シャン）と呼ぶ。このような特性を，言語学者の Ferdinand de Saussure（フェルディナン・ド・ソシュール）は言語の恣意性（arbitrariness）と呼んだ。彼によると，英語で「🐕」を /dɔg/ と呼ぶのは，その言語社会の中だけで通用する暗黙の了解に過ぎない。これは語に特定の物や出来事を切り取って名前を付ける「名付け」（naming）の機能があることを意味している。[1] 実際，単純語のほとんどは必然性なく名前を与えられているが，そこにはその言語社会において物や出来事をどう呼ぶかに関する社会的な約束事がある。[2]

ここで語の意味をどう分析するかという問題については，主に2つの立場がある。1つは形式主義的な立場で，そこでは語の意味が1つの自立的な体系を成すと考え，その仕組みを記号論理を用いて公式化しようとする。例えば，形式意味論（Formal Semantics）では，boy, girl, child の意味はそれぞれ次のような

---

[1] 語の名付け機能に関しては，島村（2014）などを参照。
[2] ただし，オノマトペ（onomatopoeia）のように実際の音や状態を例えて語が成立する場合や，streak, stream, street などで str- という子音連続が共通して「長く伸びる」という意味を表す音象徴（sound symbolism）などでは，語の形式（＝音）に意味があると考えられている。

意味成分 (semantic feature) の有無で記述される。

(2)
|  | boy | girl | child |
| --- | --- | --- | --- |
| human | + | + | + |
| adult | − | − | − |
| male | + | − | ± |

boy と girl は人間 (human) であり，成人 (adult) でないという点で共通するが，男性 (male) かどうかで明確に区別される。一方，child は男性かどうか (つまり，性別) に関して未指定 (underspecified) である。このように，語の論理的意味を重視する意味論では，ある語と他の語の何が共通していて，何が違っているかを簡潔に示すことができる。

しかし，このような意味成分に基づく語の意味記述は，語の非論理的な意味を正確に捉えられないという欠点がある。例えば，child には kid という同義語があるが，人間の子供について使う場合，両者には公式 (formal) か非公式 (informal) かという文体 (style) 上の違いしかない。このような語の使用文脈は，上記のような意味成分からは予測できない。また，そもそも kid は「子ヤギ」が原義なので，意味成分を厳密に当てはめるともはや人間ですらない。このような場合は，語の意味についてのもう1つの立場，つまり認知主義的な考え方が有効である。

認知主義的な意味論では，語の論理的な含意だけでなく，語が実際に使われる場面や社会的な習慣も含めたより総合的な意味が問題になる。例えば，認知意味論 (Cognitive Semantics) では，boy には「人間」「子供」「男性」という概念的な意味だけでなく，「初々しい」や「元気」などの慣習的な意味も含まれる。このことを視覚的に表すと次のようになる。

(3) boy の意味（イメージ）

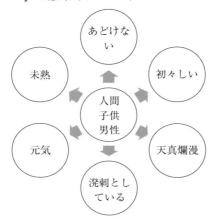

このうち，矢印で示されている周辺的な意味は，世の中のすべての boy が満たす論理的含意ではない。しかし，このような含蓄的な意味も，例えば boyish という形容詞が「未熟な」や「快活な」という意味で使われるなど，実際の語形成に深く関わるので，語の意味として登録しておく必要がある。

さらに，認知意味論は語の意味拡張にも焦点を当てる。語の意味拡張の主な要因の1つはメタファー（metaphor）である。例えば，以下の例では rose や lion に対する「美しい花」や「百獣の王」というイメージが比喩的に解釈されることにより，文の意味が理解される。

(4) a. Mary was a rose of the party.
     （メアリーはパーティの華だった）
  b. John did the lion's share of the work.
     （ジョンは獅子奮迅の働きぶりだった）

Lakoff and Johnson (1980) によると，このようなメタファー的解釈は人間の外界認識の根幹を成しており，(4) の和訳を見れば分かるように，日本語でもある程度共通している。

次のようなメトニミー (metonymy) も多義性の重要な要因である。

(5) a. We will place an order with you for AAA.
   (AAA を貴社に注文します)
   b. The shipment of your order may be delayed.
   (ご注文商品の発送が遅れるかもしれません)
   c. The particulars are given in the enclosed order.
   (詳細は同封の注文書に記載されています)

ここでは order という語が 3 通りに解釈できる。これは (5a) の「注文」という動作を軸に，(5b) ではその結果の「注文品」，(5c) ではその手段である「注文書」に order の意味が横滑りするからである（瀬戸 (1997)）。このような意味解釈には，「注文」という一連の行為に付随する我々の社会知識が関わっている。

また，order とは逆に，物が動作を喚起する場合もある。例えば，次の文では began a book の解釈が重要になる。

(6) John began a new book.
   (ジョンは新しい本を {読み／書き} 始めた)

(6) は通常，「読み始めた」や「書き始めた」と解釈されるが，この「読む」や「書く」という動作は文内に単語として現れておらず，名詞 book に対する我々の世界知識から補充される。つまり，本は「誰かが読む」ために存在し，その存在は「誰かが書く」ことを前提にする。

Pustejovsky (1995) が提唱した生成語彙論 (Generative Lexicon) では，このことを次のような特質構造（qualia structure）を用いて記述する。

(7) book
$$\left(\begin{array}{l} 形式役割 = \text{print\_matter}\ (x \cdot y) \\ 構成役割 = \text{physical\_object}\ (x) \cdot \text{information}(y) \\ 目的役割 = \text{read}\ (e, w, y) \\ 主体役割 = \text{write}\ (e', z, y) \end{array}\right)$$

各表記の詳細な説明は原著に譲るが，簡単に言うと，語にはその意味を規定する4つの側面（役割）があり，book の場合，形式役割（＝それが何であるか）は「印刷物」，構成役割（＝それが何を含むか）は（紙などの）「物体」と「情報」，目的役割（＝それが何のために存在するか）は「誰かが読むこと」，主体役割（＝それがどうやって出来たか）は「誰かが書くこと」である。ここから (6) では，目的役割や主体役割にある「読む」や「書く」という情報が文解釈に関与する。このように，生成語彙論は，形式主義的な論理的含意と認知主義的な含蓄的意味を包括的に語の意味として記載することにより，より総合的な語の辞書の構築を目指している。

また，生成語彙論は次のような多義性も理論的に扱おうとする。

(8) a. Mary spilled coffee on the book.
  （メアリーは本にコーヒーをこぼした）
 b. John got angry at the book.
  （ジョンは本の内容に腹を立てた）

(8a) では book は「物体」の意味を表し，(8b) では「情報」の意味を表す。これは (7) に示したように，book の構成役割に「物

体」と「情報」の両方の意味が入っていることから説明される。ここで重要なのは、この2つの意味が book の意味として単に併記されているわけではないことである。これは book の形式役割である「印刷物」が「物体」（＝紙の集合）だけでも「情報」だけでも成立しないことを意味する。

　生成語彙論では、このような分離不可能な両義性を「ドット」と呼ばれる「・」で表記する。これにより、次のように、「物体」と「情報」の両方の意味が1つの book という語で表されることが説明される。

(9) I don't want to read the book on which you spilled coffee.（君がコーヒーをこぼした本は読みたくない）

(9) では「読む」対象としては「情報」、「コーヒーをこぼす」対象としては「物体」の意味が選択される。このような多義性は、従来、メトニミーなどの修辞法として個別に言及されることが多かったが、生成語彙論ではこの2つの解釈を予め book の辞書表記の中に組み込むことを提案している。このように、語の意味と形態論との関係を探る際には、語の意味をどこまでレキシコンに登録（語彙化）するかということが最大の関心事になる。

## 4.3. 複合名詞の意味

　それではいよいよ合成語の意味について分析してみよう。まずは複合語である。

　複合語は組み合わせる品詞によって様々なタイプがあるが、orange juice や mailman など、後要素が単純な名詞である名詞型複合語について、Allen (1978) は「IS A の条件」を提案した（3.2 節を参照）。

(10) IS A の条件 (IS A Condition)
X と Y から成る合成語 XY は意味的に Y の一種と解釈できる（="XY is a kind of Y." が成り立つ）。

つまり，orange juice は juice の一種，mailman は man の一種である。3.2 節で述べたように，IS A の条件は合成語に広く適用可能であるが，これだけでは複合される要素の意味的な関係は見えてこない。

これに対し Levi (1978) は，英語の複合名詞を以下の 9 つの抽象的な意味述語に分解することを提案している。

(11) a. CAUSE：tear gas（催涙ガス）= gas which causes tear
    b. HAVE：apple cake（アップルケーキ）= cake which has apples
    c. MAKE：silkworm（蚕）= worm which makes silk
    d. USE：steam iron（蒸気アイロン）= iron which uses steam
    e. BE：soldier ants（兵隊アリ）= ants which are soldiers
    f. IN：field mouse（野ネズミ）= mouse in a field
    g. FOR：horse doctor（馬医者）= doctor for a horse
    h. FROM：olive oil（オリーブ油）= oil from olive
    i. ABOUT：tax law（税法）= law about tax

このようなパラフレーズによる意味分析は一見妥当なようだが，(11) のように恣意的に集められた意味述語ですべての複合名詞が説明できるかは疑問である。例えば，「指先」を意味する fingertip は，言い換えると tip of a finger となり，(11) のリストに新たに OF を加えることになる。さらに問題なのは，(11) は単に複合名詞の意味関係を列挙しただけであり，新しい語形成に

関して何かを予測するわけではない。

　Downing (1977) は複合名詞の意味解釈は多分に語用論的であり，パラフレーズによって厳密に規定することは不可能だとして，代わりに複合名詞の構成要素同士の意味関係を以下のようないくつかのパターンに分類している。

(12) a.　Whole-part：duck foot（アヒル足）
　　 b.　Half-half：giraffe-cow（キリン牛）
　　 c.　Part-whole：pendulum clock（振り子時計）
　　 d.　Composition：stone furniture（石製家具）
　　 e.　Comparison：pumpkin bus（かぼちゃ風バス）
　　 f.　Time：summer dust（夏の埃）
　　 g.　Place：Eastern Oregon meal（東オレゴン料理）
　　 h.　Source：vulture shit（ハゲワシの糞）
　　 i.　Product：honey glands（蜜腺）
　　 j.　User：flea wheelbarrow（ノミの手押車）
　　 k.　Purpose：hedge hatchet（生け垣用手斧）
　　 l.　Occupation：coffee man（コーヒー屋）

その上で Downing は，新しい複合名詞はこのいずれかのパターンで慣習化されなければならないと述べている。Downing の主張は新しく作られた複合名詞の解釈に関する実験結果からも裏付けられているが，慣習化されたものだけが複合語として認められるという考え方は，複合名詞の形成が半ば偶発的なものであることを意味し，その生産性の高さと矛盾している。むしろ，これらの複合名詞を母語話者が生産的に生み出すことを可能にする意味解釈の仕組みを考察すべきである。

　複合名詞の内部の関係について，生成語彙論の観点から分析したものに Johnston and Busa (1999) がある。彼らは，対応する

イタリア語の表現と比較しながら，次のような複合語の2つの名詞の意味関係について考察している。

(13) a. bread knife　　　　　wine glass
　　　　coltello da burro　　bicchiere da vino
　　 b. bullet hole　　　　　lemon juice
　　　　foro di pallottola　 succo di limone
　　 c. glass door　　　　　 silicone breast
　　　　porta a vetri　　　　seni al silicone

(13a)は「パン切りナイフ」や「ワイングラス」のように前の名詞が後ろの名詞の用途を限定している。(13b)は「銃弾で開いた穴」や「レモンジュース」のように前の名詞が後ろの名詞の原因や出所を表す。(13c)は「ガラスのドア」や「シリコンの胸」のように前の名詞が後ろの名詞の材質を表している。面白いのは，イタリア語では，これらは複合語ではなく前置詞を含む名詞句で表されるが，前要素と後要素の意味関係によって出てくる前置詞が異なることである。

Johnston and Busa は，このような違いは複合語の特質構造において，どの役割が語形成に関与するかの違いから説明できると主張している。例えば，bread knife は knife の使い方を限定するので，bread は knife の目的役割における切られる対象を表すと理解できる。[3]

(14)　bread knife
$$\begin{pmatrix} 形式役割 = \text{tool}(x) \\ 目的役割 = \text{cut}\ (e, w, x, y: \text{bread}) \end{pmatrix}$$

---

[3] 以下の特質構造では議論と関係のない部分は省略する。また，説明の便宜上，一部 Johnston and Busa とは異なる表記を用いる。

(14) の目的役割は「w が x を使って y を切る」ことを表すが，この y に bread が入ることより，bread knife の目的が「パンを切る」ことに限定される。

また，lemon juice の特質構造は次のようになる。

(15) lemon juice
$$\left( \begin{array}{l} 形式役割 = \text{liquid}(x) \\ 主体役割 = \text{squeeze}(e, w, y: \text{lemon}, x) \end{array} \right)$$

lemon juice の主体役割は「w が y を絞って x を取り出す」ことである。この y に lemon が入ることで，lemon juice は「誰かが lemon を絞って取り出した液体」であると理解される。

最後に，glass door の特質構造は次のように表せる。

(16) glass door
$$\left( \begin{array}{l} 形式役割 = \text{artifact}(x \cdot y) \\ 構成役割 = \text{physical\_object}(x: \text{glass}) \cdot \text{aperture}(y) \end{array} \right)$$

door は「物体」と「開口部」のドットタイプであるが，構成役割の「物体」の部分（つまり，x）に glass が指定されることで glass door は「ガラスで出来たドア」という意味になる。このように，(13) の 3 タイプの名詞型複合語は主要部名詞の特質構造を用いて公式化することができる。このような理論的な考察を踏まえると，我々が新しい複合語を作り出す方策や，それを解釈するメカニズムを解明する方向性が見えてくる。

では，動詞型複合語はどうだろうか。動詞型複合語は動詞を中心に成立する複合語であるので，重要なのは動詞の意味ということになる。動詞型複合語の統語的な条件については 3.4 節で述べたので，ここでは意味についてのみ考察する。

3.4 節で見たように，英語の動詞型複合語は，非対格動詞の主

語あるいは他動詞の目的語を取り込んで合成することはできるが（例：earthquake, car-maintenance），非能格動詞の主語を取り込むことはできない（例：*child-crying）。このことは動詞の項構造（argument structure）という概念によって説明できる。

(17) 　　　　　　　　　　外項　　内項
   a. 他動詞：　　　（x　　　&lt;y&gt;）
   b. 非対格動詞：（　　　　&lt;y&gt;）
   c. 非能格動詞：（x　　　　　）

他動詞の主語を外項（external argument），目的語を内項（internal argument）と呼ぶと，非対格動詞は内項のみ，非能格動詞は外項のみを持つ動詞である。つまり，動詞型複合語で動詞と複合できるのは動詞の内項のみということになる。問題は，この外項と内項の区別がどこから来るかである。

外項と内項の区別を動詞の意味から予測するために，語彙意味論では語彙概念構造（lexical conceptual structure: LCS）と呼ばれる意味表示が用いられる。LCS とは，動詞の意味を ACT, CAUSE, BECOME, BE などの概念的な（原始的な）述語に語彙分解（lexical decomposition）し，それらを起因事象と結果事象に分けて構造化したものである。

例えば，「上げる」を意味する raise の LCS は次のようになる。

(18) 　[x ACT ON y] CAUSE [BECOME [y BE RAISED]]

[x ACT ON y] は「x が y に働きかける」ことを表す起因事象である。これが使役を表す CAUSE によって [BECOME [y BE RAISED]] という結果事象に繋がる。結果事象の BECOME は変化を表し，[y BE RAISED] は「y が上がっている」という状態を表す。したがって，(18) は全体で「x が y に働きかけ，y

が上がった状態に変化する」ことを意味する。ここで x や y で表される変項（variable）に具体的な名詞の情報が入ることで文の意味が決まる。例えば，x に manager（支配人），y に salary（給料）が入れば，The manager raised my salary.（支配人が私の給料を上げた）のような文が作られる。(17) に挙げた項構造はこのような LCS と連動しており，他動詞は (18) 全体の事象構造を，非対格動詞は (18) のうち y を含む結果事象のみを，非能格動詞は x を含む起因事象のみを持つと考えられる。[4]

LCS を使えば，動詞型複合語の意味はある程度規則的に予測できる。例えば，「昇給」を意味する salary raise は [BECOME [y BE RAISED]] の y に salary を代入し，「給料が上がった状態になること」を表す。同様に，earthquake は [BECOME [earth BE QUAKED]]（地面が揺れた状態になること），car-maintenance は [BECOME [car BE MAINTAINED]]（車が整備された状態になること）を表す。

一見問題なのは，churchgoer のような動詞が目的語を取らない例であるが，go の意味を次のように考えれば説明できる。

(19)　$[x_i$ ACT] CAUSE $[x_i$ MOVE TO y]

(19) の意味は「x が活動し，x 自身が y に移動する」ということである。つまり，go は見た目は非能格動詞だが，意味的には他動詞のように起因事象と結果事象を含む複雑事象構造を成していると考えられる（影山 (2000)）。このうち，動作主に当たる x は外項にリンクするが，結果事象にある着点の y は動詞の内項に当たる。したがって，この y が動詞と結合することで（3.4 節

---

[4] 一般に，起因事象内の y は外項にはリンクされないと仮定されている。また，ON y の部分は文脈によっては無いと考えられることもある。

の (26c) の構造を参照)，churchgoer という複合語が形成される。

## 4.4. -er 派生名詞の意味

次に，派生語の意味を考えてみよう。

派生接辞の中で最も生産性が高いものの1つに -er がある。歴史的に，-er は元々名詞（例：hatter, islander）に付いていたが，その後，形容詞（例：foreigner, stranger）や動詞（例：dancer, singer）にも付くようになった。特に，動詞に関しては，一部の非対格動詞以外，ほぼすべての動詞に付く。

-er 派生名詞には，主に以下の4つの解釈がある。

(20) a. 動作主：dancer, driver, follower, jogger, lover, owner, reader, rider, runner, skier, swimmer, viewer, walker
 b. 道具：cleaner, computer, cutter, dryer, fastener, freezer, heater, opener, printer, toaster, washer
 c. 物：broiler, layer, poster, slipper, sneaker, stroller
 d. 場所：diner, locker, planter, sleeper, smoker

(20) は便宜的に書き分けたもので，ほとんどの -er 形は1つで複数の意味を持つ。例えば，cutter（切る人，裁断機）や driver（運転手，ねじ回し）は動作主と道具の両方を表し，jogger（走る人，ジョギングシューズ）や stroller（ブラブラ歩く人，ベビーカー）は動作主と物，diner（食事をする人，食堂車）や sleeper（眠る人，寝台車）は動作主と場所を表す。また，broiler（焼く人，肉焼き器，若鶏）や reader（読む人，読み取り機，選集）のように，動作主，道具，物の3つを表すものもある。ただし，生産性という観点で

言えば，-er 派生名詞は動作主と道具の解釈が中心で，物や場所の解釈は例外的である（島村 (1990)）。物や場所を表す -er 名詞は，例えば，slipper は「滑るように履く物」，sneaker は「足音を立てずに歩く靴」，diner, sleeper, smoker はそれぞれ「食事をする人／眠る人／煙草を吸う人がいる車両」のように，その行為を行う人（つまり，動作主）からメトニミー的に意味が拡張したと考えられる。

Levin and Rappaport (1988) および Rappaport Hovav and Levin (1992)（以下，まとめて L&R）は，-er 名詞は「動詞の外項を指す」と指摘している。外項というのは，(17) で見たように意味的に他動詞の主語に当たるものである。したがって，以下のように -er が非対格動詞に付かないのは，非対格動詞が外項を持たないからということになる。[5]

(21)　*appearer, *collapser, *exister, *happener, *occurer

動作主が主語になるというのはごく一般的で理解しやすいが，道具については少し注意が必要である。というのも，英語では主語になれる道具となれない道具があるからである。L&R は前者を「媒介手段」，後者を「助長手段」と呼んで区別する。

(22)　媒介手段 (intermediary instrument)
　　a. The new gadget opened the can.
　　b. The old machine waxed the floors.
(23)　助長手段 (facilitating instrument)
　　a. *The fork ate the fresh fruit.
　　b. *The telescope saw the planet.

---

[5] ただし，例外的に early riser（早起きの人），newcomer（新参者），slow grower（晩生植物）などの表現では，非対格動詞に -er が付けられる。

媒介手段の特徴は，それが -er 名詞が指す対象と解釈できることである。つまり，(22) の gadget や machine はそれぞれ can-opener や waxer であると言える。これに対し，(23) の fork や telescope は eater や seer では言い表せない。このことから L&R は媒介手段のみを動詞の外項とみなす。

問題となるのは，(20c) や (20d) のような -er 名詞が物や場所を表す例である。これらは当然，外項とはみなせない。このうち，slipper や sneaker や diner, sleeper, smoker の意味がメトニミーによって拡張されている可能性はすでに述べたが，それだけではすべての -er 名詞の解釈を説明することはできない。特に，broiler, layer, poster, locker, planter などはメトニミーだけでは説明できないように思われる。ここで注目したいのは，これらの派生名詞の特質構造である。例えば，物を表す broiler や場所を表す planter の特質構造は次のように表せる。

(24) broiler
$$\begin{pmatrix} 形式役割 = \text{chicken}(x) \\ 目的役割 = \text{broil}(e, w, x) \end{pmatrix}$$

(25) planter
$$\begin{pmatrix} 形式役割 = \text{artifact}(x) \cdot \text{space}(y) \\ 目的役割 = \text{plant\_in}(e, w, z, y) \end{pmatrix}$$

broiler は「人間 (w) が焼いて (broil) 食べるために飼育している鶏 (x)」であり，planter は「人間 (w) が植物 (z) をその空間 (y) に植える (plant) ために作られた人工物 (x)」である。つまり，これらの例は，動詞が表す行為を目的に存在する物や場所と理解できる。同様に，poster は「人間が壁に貼る (post) ための紙」，locker は「人間が物を閉じ込める (lock) ための空間」と解釈できる。

一方，layer は次のように主体役割で規定できる。

(26) layer
$$\begin{pmatrix} 形式役割 = \text{terrain}(x) \\ 主体役割 = \text{lay\_on}\ (e, w, y, z) \end{pmatrix}$$

つまり，layer は「誰か (w) が何か (y) をある場所 (z) に積み重ねた (lay) 結果，出来た地形 (x)」である（この場合，w は人間 (human) だけでなく，自然の力 (natural force) でも良い）。このように項構造によって機械的に作れない -er 名詞の意味も，特質構造を見ることである程度予測することができるようになる。

ところで，この目的役割と主体役割の違いは，複合名詞の名付け方の違いとも関係している。つまり，目的役割が関与する場合は，その目的のために存在する物を指すので，実際にその行為が行われていなくても良い。例えば，broiler はまだ焼かれていなくても broiler だし，planter はまだ植物を植えていなくても planter である。一方，主体役割の場合は，ある行為の結果出来上がった物を表すので，実際にその行為が行われなければ成立しない。したがって，layer は誰か（あるいは何か）が物を積み重ねるという出来事が起きなければ発生しない。

Pustejovsky (1995) は，violinist や physicist などの動作主名詞は目的役割で規定でき，passenger や customer などは主体役割で規定できると述べている。

(27) violinist
$$\begin{pmatrix} 形式役割 = \text{human}(x) \\ 目的役割 = \text{play}\ (e, x, y: \text{violin}) \end{pmatrix}$$

(28) passenger
$$\begin{pmatrix} 形式役割 = \text{human}(x) \\ 主体役割 = \text{travel\_through}\ (e, x, y: \text{passage}) \end{pmatrix}$$

violinist は「バイオリン (y) を弾く (play) ために存在する人 (x)」，passenger は「通路 (y) を通って旅行する (travel_through) 人 (x)」（ただし，今では乗り物を使う人に限られる）である。(27) のように violinist は目的役割で規定されるので，実際にバイオリンを弾いていない時でも violinist だが，(28) のように passenger は主体役割で規定されるので，その時に乗り物に乗って移動中の人しか passenger とは呼ばない。一般に，doctor, student, teacher などの職業を表す動作主名詞は目的役割で，patient, pedestrian, refugee などの一時的な状況を表す動作主名詞は主体役割で規定するのが良い (Busa (1996))。

## 4.5. 名詞転換動詞の意味

最後に名詞から動詞に転換された語の意味を考えてみよう。

名詞から動詞への転換は，その場限りの新しい造語を含め，非常に高い生産性を持つ。Clark and Clark (1979) は，1300 以上の実例を基に，英語の名詞転換動詞を以下の9つのグループに分類している (Plag (2003) も参照)。

(29) a. Locatum verbs: Jane blanketed the bed.
   （ジェーンはベッドを毛布で覆った）
   b. Location verbs: Kenneth kenneled the dog.
   （ケネスは犬を犬小屋に入れた）
   c. Duration verbs: Julia summered in Paris.
   （ジュリアはパリで夏を過ごした）
   d. Agent verbs: John butchered the cow.
   （ジョンは牛を食肉処理した）
   e. Experiencer verbs: Tom witnessed the accident.

（トムは事故を目撃した）
　f.　Goal verbs: Edward powdered the aspirin.
　　　（エドワードはアスピリンを粉末にした）
　g.　Source verbs: Mary pieced the quilt together.
　　　（メアリーは布を繋ぎ合わせてキルトにした）
　h.　Instrument verbs: John bicycled into town.
　　　（ジョンは街へ自転車で出かけた）
　i.　Miscellaneous verbs: Jeff lunched on a hotdog and a coke.（ジェフはホットドッグとコーラで昼食を取った）

この中から，本節では生産性の高い（29a, b, d, f, h）を見ることにする。なお，説明の順番は（29b, f, a, h, d）になる。
　まず，（29b）のグループから見てみよう。このグループは転換される名詞を場所（location）と捉え，そこに人や物を置くことを意味する。

(30)　a.　I banked the money.（私はお金を銀行に預けた）
　　　b.　She bottled the wine.（彼女はワインを瓶に詰めた）
　　　c.　He shelved the book.（彼は本を棚に置いた）

これらの転換動詞の解釈には転換される名詞の特質構造における目的役割が関わっている。つまり，bank はお金を預けるための施設であり，bottle は液体を入れるための空間，shelf は物を置くための場所である。したがって，これらの動詞の目的役割には共通して次のような LCS が想定できる。[6]

---

[6] 以下，本節で提示する名詞転換動詞の LCS は影山・由本（1997）および伊藤・杉岡（2002）を参考にしている。

(31)　[x ACT ON y] CAUSE [BECOME [y BE AT z]]

これは「x が y に働きかけ，y が z の位置に変化する」という位置変化のフレームである。このフレームの場所を表す z に bank や bottle や shelf が定項（constant）として入ることで，(30) の文の解釈が得られる。

次に，(29f) のグループである。

(32)　a.　She bundled the clothes.（彼女は服を束ねた）
　　　b.　He looped the rope.（彼はロープで輪っかを作った）
　　　c.　The doctor powdered the aspirin.
　　　　　（医者はアスピリンを粉末にした）

これらの例では，目的語で表される物の最終的な形状（goal）が転換される名詞の意味と一致する。(32a) では服は bundle（束）になり，(32b) ではロープが loop（輪）になり，(32c) では薬が powder（粉）になる。つまり，これらは基体名詞の特質構造における形式役割を参照して作られていると言え，その LCS は次のように表せる。

(33)　[x ACT ON y] CAUSE [BECOME [y BE AT z]]

これは「x が y に働きかけ，y が z の状態に変化する」という状態変化のフレームである。お気付きの通り，(33) は先の位置変化と同じ LCS であるが，(31) とは z の性質が異なる。つまり，(31) の z が場所を表すのに対して，(33) の z は基体名詞の形状，つまり状態（state）を表す。Clark and Clark は，baby the student（生徒を子供扱いする）や group the actors（俳優を分類する）もこのグループに分類しているが，これらも「生徒を赤ん坊の状態にする」や「俳優をグループの状態にする」と考えれば，(33)

の LCS で説明できるだろう。

今度は (29a) のグループを見てみよう。

(34) a. They carpeted the floor.（彼らは床に絨毯を敷いた）
    b. She sugared the tea.（彼女は紅茶に砂糖を入れた）
    c. I watered the roses.（私はバラに水をやった）

これらの例は，やや注意を要する。(34a) の carpet は床に敷いて使うものであるので，明らかに基体名詞の目的役割を参照しているが，(34b) の sugar や (34c) の water は用途が広く，必ずしも基体名詞の目的役割だけではこれらの文の意味は予測できない。したがって，このような場合は転換動詞と目的語との語用論的な関係が重要である。つまり，紅茶に砂糖を入れて飲みやすくすることや，花に水をやって枯れないようにすることは，我々の現実世界の知識に基づいている。そのような基体名詞の実際的な使われ方が手掛かりとなって，これらの文は解釈可能となる。いずれにせよ，これらの動詞の LCS は次のようになる。

(35)　[x ACT ON y] CAUSE [BECOME [y BE WITH z]]

(35) は「x が y に働きかけ，y が z と一体化した状態に変化する」と解釈される。このように，ある場所に移動してその場所と一体化する対象は物材 (locatum) と呼ばれる。この物材の z に基体名詞の情報が入ることで (34) の解釈は説明可能となる。

では，(29h) のグループはどうだろうか。

(36) a. He biked into town.（彼は自転車で街に行った）
    b. She mopped the floor.（彼女は床をモップ掛けした）
    c. I sawed the plank.（私はのこぎりで厚板を切った）

道具 (instrument) というのは，基本的に特定の目的を持って作

られるので、これらの例でも基体名詞の目的役割が転換動詞の意味に関与するのは間違いない。ただし、(36) のそれぞれの動詞が表す LCS は以下のように違っている。

(37) a.　bike: [$x_i$ ACT BY MEANS OF $z(=$bike$)$] CAUSE [$x_i$ MOVE TO y]
　　　b.　mop: [x ACT ON y BY MEANS OF $z(=$mop$)$]
　　　c.　saw: [x ACT ON y BY MEANS OF $z(=$saw$)$] CAUSE [BECOME [y BE AT SAWED]]

bike は移動手段であるので、(19) の go と同じ (37a) の LCS を持つと考えられる。mop は拭く動作のみを表し、その結果は表さないので、(37b) の働きかけの LCS で良い。一方、saw は働きかけだけでなく、対象物の状態変化も表すので、(37c) の LCS になる。共通しているのは、基体名詞が BY MEANS OF で導かれる z に代入されることである。これにより、転換動詞がどのような LCS を持つとしても、基体名詞が動作主が使用する道具や手段であるという解釈が得られる。

　最後に、(29d) のグループを見ておこう。

(38) a.　He butchered the cow.（彼は牛を食肉処理した）
　　　b.　She nursed her mother.（彼女は母親を看病した）
　　　c.　John umpired the match.
　　　　　（ジョンはその試合の審判を務めた）

Clark and Clark はこれらを動作主動詞（Agent verbs）と呼んでいるので、これらの転換動詞では基体名詞の主体役割が関わっていると勘違いしやすいが、これらの基体名詞は何らかの職業を表す語である。前節で見たように、職業は目的役割で規定するのが良いので、これらの転換動詞でも基体名詞の目的役割が解釈に関

わっていると言える。ただし，転換動詞の主語は必ずしもこれらの職業になる必要はなく，一時的にその役割を務めるだけでも良いので，転換後は動詞の主体役割で以下のような LCS が規定される。

(39)　[x ACT ON y AS z]

(39) は「x が y に z として働きかける」という意味を表す。これにより，(38) の各文の，主語が目的語に対して肉屋／看護師／審判として振る舞うという意味が説明される。

　以上のように，名詞から動詞への転換は，基体名詞の特質構造の情報を手掛かりにして，LCS の然るべき位置に名詞概念を代入することによって新たな述語を作り出すことと言える。それぞれの LCS が起動される具体的なメカニズムはまだ分かっていないが，上記のような語形成の過程を捉えるためには，本章で紹介したような語の意味的な分析が不可欠である。

# 第5章　語形成と分散形態論

## 5.1.　はじめに

　本章では，単語の語形変化に関して派生と屈折を区別しないアプローチを取る反語彙主義（anti-lexicalism）の考え方を紹介する。反語彙主義では，語彙部門で行われる語形成も，統語部門で行われる語形成も区別しないことが特徴である。

　以下，5.2 節で伝統的な形態論において2つの独立した操作であると考えられてきた派生と屈折を確認する。[1] 5.3 節では反語彙主義の立場を取る分散形態論（Distributed Morphology）（Halle and Marantz (1993), Harley and Noyer (1999), Embick and Noyer (2007), Embick (2015)）という理論を導入する。5.4 節では，分散形態論で，語の範疇（≒品詞）をどのように扱うかを紹介する。最後に 5.5 節では，分散形態論の名前の由来となる「分散された形態論」とはどのような考えかについて概観する。

---

[1] 派生に関しては第2章も参照のこと。

## 5.2. 派生と屈折

### 5.2.1. 派生

派生 (derivation) とは，第 2 章で確認したように，自由形態素を中心とする語基に接辞を付加し，語の意味や品詞の変換を生じさせるものを言う。例えば，(1) に挙げた日本語の形容詞は，(1a) や (1b) のように，「さ」や「み」を後ろに付加することで品詞が変化する。[2]

(1) 暖かい，高い，深い，重い，苦い
　a. 暖かさ，高さ，深さ，重さ，苦さ
　b. 暖かみ，高み，深み，重み，苦み

英語での同様の現象として，(2a) の形容詞の happy（幸福な）に接尾辞 -ness を付加することにより，名詞の happiness（幸福）を作る操作などがある。ところで，この happy については，接頭辞を付け unhappy という単語を作ることもできるが，すでに見たように，接頭辞に関しては元の語の品詞を変えていない。さらに，(2b) のように un- の付加により派生された形容詞の unhappy（不幸な）から，さらに名詞の unhappiness（不幸）という語を作ることもできる。

同様に，(3) のように，power（力）に対し，-less（〜がない）という接尾辞を付加し，さらにもう 1 つの接尾辞の -ness を付加して，powerlessness（無力さ）という単語を作ることも可能である。

---

[2]「さ」と「み」の違いについては影山 (1993)，杉岡 (2005) を参照のこと。

(2) a.　[_A happy] → [_N happiness]

　　b.　[_A happy] → [_A unhappy] → [_N unhappiness]

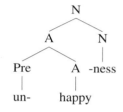

(3)　[_N power] → [_A powerless] → [_N powerlessness]

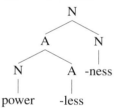

分散形態論では，(2) や (3) に見られる語基と接辞の組み合わせも統語的に語と語を組み合わせる操作の併合 (merge) により行われると考えられている。

### 5.2.2. 屈折

　第1章で，語に接辞を付加することで意味を変えず，新たな語形を作る屈折 (inflection) という操作を紹介した。英語の屈折を見ると，動詞・名詞・形容詞は出現する環境や表す意味によっ

て語形が変わっている。例えば (4) や (5) を見ると，規則動詞の walk は主語が 3 人称・単数かつ現在時制の場合，-s が付加される。一方で，主語が何であっても，過去時制の場合には一律に -ed という接辞が付加されている。

(4) a. {I/They} walk every day.
　　b. He walks every day.
(5) {I/They/He} walked every day.

このような，語彙的な意味に影響を与えない一方，文法的な役割を持つ接辞を付加する操作を屈折と呼ぶ。この屈折をどのように分析するのかについては，これまで統語論を中心に議論されてきた。例えば，(6) と (7) のフランス語と英語に見られる動詞の位置の違いは，屈折を作るために動詞が移動するかしないかという違いを用いて度々議論されている (Emonds (1976), Pollock (1989))。

(6) フランス語
　　a. Jean embrassse souvent Marie.
　　　 Jean kisses　　often　　Mary
　　b. *Jean souvent embrasse Marie.
　　　 Jean often　　kisses　 Mary
　　　 'Jean often kisses Mary.'
(7) 英語
　　a. *John kisses often Mary.
　　b. John often kisses Mary.

この議論で重要な役割を持っているのが主要部移動 (head

movement）(Travis (1984)) という考え方である。[3] 主要部移動については，3.5 節で見た編入を思い出してほしい。編入とは，語が文法的な役割を担う語や接辞の位置まで移動し，その要素に組み込まれてひとまとまりの形態を作ることであった。ここでは (6) と (7) の文は概略，(8) に示した構造を持つとしよう。なお，一般に，生成文法では時制を表す T(ense：テンス) が主要部となり文を構成すると考えられている。

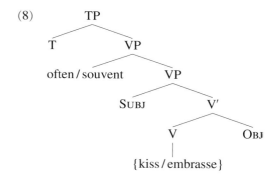

英語とフランス語の動詞の位置の違いは本動詞の kiss / embrasse が時制辞 T の位置まで上昇し，本動詞と時制が結合するか否かによって説明される。[4] つまり，フランス語では V の位置の動詞が T の位置まで移動し T と結合する。この移動により，動詞は副詞を飛び越える。よって，動詞は副詞より左側に出現する。一方，英語では，動詞は V の位置に留まることにより，副詞よりも右側に出現する。このように，語の形態を変える操作に関して

---

[3] なお，屈折を捉えるために主要部移動以外にも，融合 (merger) (Marantz (1988)) や主要部降下 (lowering) (Bobaljik (1995)) など様々な理論的な検討がなされてきた。

[4] 詳細は Roberts (2001) を参照。

もある程度の統語的な操作が存在していると古くから考えられていた。

### 5.2.3. 派生と屈折の取り扱い

ここで形態論の歴史を振り返っておこう。第1章で見たように，派生は語彙部門で生じる操作であり，屈折は主要部移動などを含む統語的な操作であると仮定されてきた。

これは，そもそも Chomsky (1970) での議論の影響が大きい。Chomsky は文とそれとほぼ同じ内容の名詞句の振る舞いが異なることを根拠に，文と名詞句が変形で結び付けられたものではないと主張した。つまり，文から名詞句を作る操作は統語部門より前に完了していないといけないと考えたのである。

それでは例を見てみよう。以下の (9a) と (9c) の違いは，(9a) が動詞を中心とした文であり，(9c) が名詞を中心とした句である点である。これらは意味的にはよく似ているが，両者の文法的な振る舞いは異なる。すなわち，(9b) では許されない，John を削除し the city を前に出す操作が (9d) では許容されている。

(9) a. John destroyed the city.
    b. *The city destroyed.
    c. John's destruction of the city
    d. the city's destruction

(9) に示された文と名詞句の差異から，Chomsky (1970) 以来，(9a) と (9c) を変形によって関連付けることはできないと考えられてきた。しかし，この考え方は Marantz (1997) によって再解釈されることとなった。Marantz は，むしろ文と名詞の間に見られる (9) のような非対称性は統語的な説明によって解決されるべきであると主張し，「派生と屈折が別の部門で生じる操作

である」という考えではなく,「すべての組み合わせ操作は統語論によって行われる」と考える分散形態論が生まれた。

## 5.3. 反語彙主義の考え方

これまでの言語理論の発展の中で,形態論に関しては様々な考え方が提案されてきたが,特に生成文法では語彙主義(lexicalism)と呼ばれる考え方が主流で,単語はレキシコンに登録されており,語彙部門と統語部門は独立したモジュールを構成していると考えられていた。その一方で Halle and Marantz (1993) により提案された分散形態論では語形成と文を作り出す操作は同一であると考えられ,「すべての複雑な内部構造を持つ要素は統語論で作られ,その操作は単一である」という,単一駆動仮説(Single Engine Hypothesis)が提案された。[5] このような考え方を語彙主義とは対極的な考え方であることから反語彙主義(anti-lexicalism)と呼ぶ。分散形態論では,先に述べたように,統語論で使われる操作で語を作り出す。その結果,単語を貯蔵したり,派生が生じたりする形態部門としてのレキシコンを棄却するに至った。その代わりに,単語を構成するより小さな要素である素性(feature)が格納されている,非生産的レキシコン((pure-)lexicon)が存在すると仮定している。[6]

ここで素性とはどのようなものかを確認しておく。以下の英語

---

[5] Halle and Marantz (1993) 以前にも,例えば Baker (1988) に見られる編入など,統語的な語形成は提案されていた。さらに,分散形態論が出現した時期には Pesetsky (1995),その後には Borer (2004) などによる統語的な語形成の提案もなされている。

[6] 以下では特に断りがなく,「レキシコン」と言った場合には pure-lexicon を意味するものとする。

の3人称代名詞の例を見てほしい。英語の場合，3人称代名詞は，単数形で he, she, it があり，複数形では they が用いられる。この時，それぞれの代名詞に含まれる情報を考えてみると，he であれば，3人称 (3)・単数 (sg)・男性 (masc) のような情報が含まれているだろう。また，she であれば，3人称・単数・女性 (fem) が，it であれば，3人称・単数・中性 (neut) が含まれていると考えられる。さらに，これら he, she, it の複数形は they であり，そこに含まれる情報は，3人称・複数 (pl) であり，「性別に関係なく使うことができる」という点で性別に関する指定はされていないと考えられる。

(10) a. he … [3, sg, masc]
 b. she … [3, sg, fem]
 c. it … [3, sg, neut]
 d. they … [3, pl]

(10) の右側の [ ] の中に示されたそれぞれの要素が4つの単語を区別する特性であり，これらを素性と呼ぶ。分散形態論ではこのような素性に対して，併合を適用することによって単語を作る。

次に英語の動詞 go の例を考えてみよう。動詞 go は不規則動詞であり，原形が go, 過去形は went, 3人称単数の現在形は goes となる。[7] 動詞 go の場合には，同じ意味を表す単語であるにもかかわらず，過去の場合だけ語幹の形が変わる。このような例を説明するために，分散形態論では素性が組み合わせられた後

---

[7] 過去形 went の -t に関しては過去形の接辞であると考えられており，正確には went の中で go に対応している部分は wen である。詳細は第6章で説明する。

に，どのような語形が表層に出現するのかを決定するための別の部門があると考えられている。これを「形態論 (morphology)」と呼ぶ。この形態論の役割は素性に対して音を与える操作の語彙挿入 (Vocabulary Insertion) を行うことである。言い換えると，分散形態論では語形成の段階では音声が関わることがないと考えられている。したがって，素性の組み合わせを行う統語論に加えて，素性にどのような音を与えるのかを決定する形態論という2つの語形成部門が別々に仮定されている。このように，今まで1つのレキシコンが行っていた操作の大部分を2つの独立した部門で行うため，「分散」形態論と呼ばれるのである。

(11) 分散形態論のモデル
 レキシコン → 統語演算 → 形態論 → 発音

　ここまでで，分散形態論の考えるレキシコンには素性が貯蔵されていることを説明してきた。それでは，他にどのようなものがレキシコンに貯蔵されるべきであろうか。Embick (2015) は文法的特性に関する素性を統語意味素性 (syntacosemantic feature) と呼び，それ以外に，発音に関わる音韻素性 (phonological features) がレキシコンに貯蔵されると述べている。以下で2つの素性に関して概略をまとめておく。

(12) 統語意味素性
　　　統語意味素性とはある語がどのような文法的な特性を持っているかに関する素性である。例えば，[±past]（過去形か否か），[±def]（定か不定か）などがこれに当たる。
(13) 音韻素性
　　　音韻素性とは発音に関する特徴を決定する素性で，音韻論的な特徴に関する素性である。例えば，有声性を決定

する [±voice]，両唇を使うかどうかを決定する [±labial] などがこれに当たる。

以上，分散形態論で語の意味や発音がどのように決定されるかを説明をしてきたが，次節では，分散形態論で品詞をどのように決定していくのかを説明する。

## 5.4. 品詞：√Root 仮説

分散形態論では語は統語的な操作を通して形成されるとしたが，実際に「🐱」という意味を表す単語の cat や「猫」などはどのように作られるのだろうか。ここで，5.3 節で紹介した統語意味素性について思い出してほしい。統語意味素性は文法的な特徴に関する素性で，統語論の機能範疇 (functional category) に相当する機能形態素 (functional morpheme) として実現される。しかし，それだけでは単語は形成できない。cat の中心的な意味を担う統語論の語彙範疇 (lexical category) に相当する部分が必要となるからである。この語彙範疇に相当する部分は分散形態論では √Root と呼ばれる。[8] √Root は以下のように定義される。

(14) √Root
√Root は語彙の中核的な意味を担う。これらの中には，√Cat, √Ox, √Sit などが含まれる。√Root には文法的な特性の指定はない。個別言語により，√Root が何と発音されるかが決まっているが，√Root 自体には音に関する情報は含まれていない。

---

[8] 読み方は「ルート」であり，√Cat であれば「ルート cat」のように読む。

これらを踏まえて，以下で具体的に語がどのように構成されるかを説明する。例えば，cats は「🐱」を表す名詞 cat の複数形である。この cats に関連する素性の集合は (15) に表される。[9] なお，ここでは $\sqrt{\text{Cat}}$ は，「🐱」を表す部分であり，[pl] は複数形を表す。

(15)　cats ↔ {$\sqrt{\text{Cat}}$, $n$, [pl]}

さて，ここで問題になるのは，cats が名詞であることをどのように決定するかである。伝統的な形態論では，単語はもともと品詞の情報を備えていると考えられてきた。一方，分散形態論では，品詞の決定さえも，統語的な操作の対象となる。つまり，(15) の cat の品詞は最初から名詞と決まっているわけではなく，語形成の過程で名詞になるという立場を取る。品詞の決定の過程は (16) の樹形図で表される。

(16)

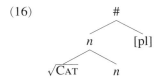

(16) の樹形図にあるように，$\sqrt{\text{Cat}}$ は最初に範疇を決定する $n$(ominalizer) と併合し，名詞として実現される準備が整う。なお，$\sqrt{\text{Root}}$ の範疇を決定する機能形態素を範疇決定子 (category-defining head) (Embick and Marantz (2008)) と呼ぶ。さらに，$\sqrt{\text{Cat}}$ と $n$ のまとまりは，名詞の数を決定する [pl] の素性が生じる # (number) と併合する。

　語彙主義の考え方では，cats が名詞であることは自明である

---

　[9]「↔」は入力に対して出力が一義的に決まることを表す。

と考えられていたが，分散形態論では，そのような立場を取らず，品詞に関する情報も統語的に決定すると考える。言うなれば，v, n, a, p といった範疇決定子と共に $\sqrt{\text{Root}}$ が出現することで語としての立場を獲得し，文の中で使えようになるのである。このような考えを $\sqrt{\text{Root}}$ 仮説 ($\sqrt{\text{Root}}$ Hypothesis) と呼ぶ。

では，一体そのように考える利点はどこにあるだろうか。その利点を捉えるために，以下で日本語の現象を見ることにする。例えば「走る」を考えた時，「走る」自体は多様な環境で出現する。その範囲に関して一部を取り上げただけでも (17) のような環境が考えられる。

(17) a. 学生が校庭を走る。
　　 b. 走りが早い。
　　 c. 走り書きする。
　　 d. 小走りする。
　　 e. 走り {は / も / さえ / だけ} する。

(17a) の「走る」は動詞と考えて良いだろう。しかし，(17b) を考えると話は少し複雑になる。(17b) の「走り」は格助詞「が」の前にあり，主語として働いている。主語である要素は名詞である必要がある。さらに，(17c) では「走り書き」という複合語の一部が「走り」になっている。(17d) の「小走り」に関しても同様で，「小」という接頭辞が「走り」に付加している。(17c) にしても，(17d) にしても，後ろには「する」が付いている。「する」について考えた場合に，(18) では，「勉強」に「する」が付いて全体が述語動詞として働いている。すると，「勉強する」全体を動詞としているのは「する」の部分と考えるのが妥当であろう。[10]

---

[10] (18) の議論では第3章で紹介した右側主要部の規則 (Williams (1981))

(18)　[VP [NP 勉強] する]

もし「する」が全体を動詞に変えているとするならば,「走り書き」や「小走り」は動詞ではないということになる。また,当然のことながら,(17e)の「は,も,さえ,だけ」の前に出現する「走り」も動詞ではないと言わざるを得ない。ここまでを考えると,(17)のような様々な環境で現れる「走り」は,(17a)の「走る」が動詞であることを根拠にして「すべて動詞である」と言えるほど単純ではない。

このような問題を分散形態論の $\sqrt{\text{Root}}$ 仮説は扱いやすい。(14)で説明したように,$\sqrt{\text{Root}}$ 自体は語彙になる素である。よって,分散形態論では「走る」は $\sqrt{\text{Hashir-}}$ から作られると考える。この考え方を採用すると,動詞の「走る」は(19)に示すように,「走る行為:🏃」という情報を持つ $\sqrt{\text{Hashir-}}$ と,それを動詞とする範疇決定子の $v$,さらに現在の形を表す [−past] の組み合わせから生じると考えられる。

(19)　走る ↔ {$\sqrt{\text{Hashir-}}, v, [-\text{past}]$}

同様に $\sqrt{\text{Hashir-}}$ と同じ「🏃」という意味を共有していながら,主語として使われる(17b)は「走り」が名詞として使われているのだから,(20)に示すように $\sqrt{\text{Hashir-}}$ と,それを名詞とする範疇決定子の $n$ の組み合わせから作られると考えることで,「走る」が多種多様な環境で生じることを捉えられる。

(20)　走り ↔ {$\sqrt{\text{Hashir-}}, n$}

---

を参照してほしい。また,(18)の「勉強」は厳密には動名詞(verbal noun)である。動名詞は品詞的には名詞であるが,事象性を持つことが多く,「する」を伴って動詞として使うことができる。

## 5.5. 分散された形態論：語彙挿入の理論

5.4 節で見た通り，分散形態論では音は個々の統語意味素性とは独立して考えられており，(15) や，(19)，(20) に見られる素性の束が「語」として成立するための（音声的）具現化（(phonological) exponent）を主要部へ挿入する必要がある。このように語の音が形態素の組み合わせの後に生じる際の操作を語彙挿入と呼んだ。この語彙挿入に関わる操作は「形態論」で行われる。前述した通り，この役割分担こそが「分散」形態論と呼ばれる由縁である。

以下では，この語彙挿入について英語の dogs を例に説明する。前節での議論に従うと，dogs という音形は $\sqrt{\text{Dog}}$ が $n$ によって名詞化され，さらに # にある [pl] と併合して作られた {$\sqrt{\text{Dog}}$, $n$, [pl]} という素性の束に対して与えられる。ここで [pl] について確認しよう。この [pl] は複数形の -s として実現されるが，分散形態論では，このことを (21) のように表す。(21) の意味は，概略，左側にある [pl] という素性に対して，/z/ という音形が与えられるということである。[11]

(21)　[pl] → -z

しかし，このままでは問題が生じてしまう。例えば，child や ox のように複数の語尾が -en になる名詞もあり，他にも，foot や man のように，語尾には何も付加されず，代わりに母音が交替するような名詞もある。そのような名詞に関しても，(22) か

---

[11] ここでは，規則変化の複数形接尾辞 -s に見られる，book- /s/, bed- /z/, box- /iz/ のような変化は検討せずに議論を進める。なお，3 種類の発音に関しては本章の後半で説明する。

ら (24) に示すように, 複数形を作る際に [pl] の素性が含まれているはずである。

(22) a. dog ↔ {√Dog, n, [sg]}
　　 b. dogs ↔ {√Dog, n, [pl]}
(23) a. child ↔ {√Child, n, [sg]}
　　 b. children ↔ {√Child, n, [pl]}
(24) a. foot ↔ {√Foot, n, [sg]}
　　 b. feet ↔ {√Foot, n, [pl]}

つまり, 複数の [pl] について (21) の規則は「名詞であれば複数形を作る際には /z/ を [pl] に挿入せよ」と言っているので, (25) に示されるような語形を作ってしまう。

(25) *oxes, *childs, *mans, *foots

このような誤った予測を避けるために, 分散形態論は異形態 (allomorphy) を出現させるメカニズムを検討してきた (Embick (2010, 2015))。まず, ここで英語の事実を確認すると, 名詞の複数形の異形態には -z, -en, Ø (=何も出てこない) の形態があり, その3つのうちどの形を利用するかは語彙によって決まっている。これを捉えるために, 分散形態論では出現の環境 (context) 別に語彙挿入に制限をかける。これを環境に依存して出現する異形態 (contextual allomorphy) と呼ぶ。なお, 環境に依存して出現する異形態には2種類があるとされ, 以下で説明する文法的環境に依存した異形態 (grammatically conditioned allomorphy) と, 伝統的な音韻論 (Chomsky and Halle (1968) など) で議論されてきた音韻規則から純粋に導かれる異形態 (phonologically conditioned allomorphy) に分かれる。この音韻規則による変化は再調整規則 (readjustment rule) とも呼ばれる。

それでは，文法的環境に依存した異形態としての複数形を考えていこう。第1に分散形態論では幅広く適用が可能なルールと，そうではない特定の語彙だけに関わるルールを分ける。前者は名詞の複数形の場合，「名詞であれば複数形を作る際には /-z/ を [pl] に挿入せよ」という (21) のルールが当てはまる。これにより規則変化の名詞は解決できる。一方で，(23) や (24) の例外的な場合に関しては，(26) のルールを英語が持っていると別途規定しておく必要がある。

(26) a.　[pl] → -en / {√Child, √Ox, …} ___
　　　b.　[pl] → ∅ / {√Man, √Foot, …} ___

(26) の読み方を説明しておこう。この表記は音韻論でよく使われるが，特定の形態素がどのような音形として実現されるかを指定するための条件 (condition) として分散形態論でも用いられる。ここで，左側の [pl] は統語意味素性であり，概略，単数・複数を決定する形態素である。つづいて「→」は左側の要素がどのような音形として出現するのかを示す記号である。(26a) では，[pl] が -en という音形，(26b) では，[pl] が ∅，つまり，音形を持たず出現することを表している。それでは，(26a) の [pl] が -en として実現される場合にどのような条件が指定されているか確認しよう。ここでは，(i)「{ }」で指定されている特定の語彙が出現している場合，(ii)「___」で示されている位置に [pl] が生起している場合という2つの条件が指定されている。よって，(26a) を書き下すと，(27) のようになる。

(27) 複数形を作る素性 [pl] に関しては，{√Child, √Ox, …} などの語の後に出現する場合に -en という音形が与えられる (＝発音される)。

同様に (26b) の場合は，[pl] が複数を表し，それが Ø という音形で実現される。そして，その状況は「/」の後で指定される環境の，{√Man, √Foot, ...} などの語の後ろ，つまり，下線部の位置に出現する場合である，というように読む。

ここまでで，どのような条件において，どのような音形が [pl] に挿入されるかが説明された。しかし，これだけではまだ完全に複数形の音形が決定できたとは言えない。(21) と (26) のルールを記述しただけでは，(26) より先に (21) のルールが適用されてしまい，*childs や *foots が出現してくる可能性が残されてしまうからである。

これを避けるために，もう1つ仮説が必要になる。その仮説が不完全指定 (underspecification) に基づいた，部分集合の原理 (subset principle) と競合 (competition) という考え方である。それぞれ以下に示す。

(28) 不完全指定
    ある素性の束に対する語彙挿入を行う際に，すべての素性を参照して音声的具現化を決定する必要はなく，素性の束の中で必要なもののみ（一部）を参照する。

(29) 部分集合の原理
    語彙挿入の際には対象のすべての素性が合致しても，一部が合致しても良い。ただし，指定されていない素性が存在する場合は挿入は生じない。

(30) 競合
    いくつかの環境が同時に語彙挿入の環境となった場合に，より多くの素性が指定されているものが優先的に挿入の対象となる。

ここで，(26) の規則は出現環境が限られているのに対し，(21)

の規則は環境の指定がないことに注目してほしい。すなわち，(30) に従うと，(26) の規則が (21) の規則より先に適用されることとなる。逆に言えば，(21) のルールを先に適用してしまうと，「すべての名詞の複数形が /z/ の音形を持つ」という誤った予測をしてしまい，現実に即さない。このようなことから，規則の順序が重要となる。なお，(26a) と (26b) に関しては，指定の多さに関して両者は同等であるので，2 つの規則の適用の順序関係は存在せず，どちらを先に適用しても良い。最後に，すべての規則の適用を逃れた場合には，最も適用範囲が広い基底のルールが適用される。このような，他のどのルールも適用されない場合に出現する形態を非該当形 (elsewhere) と呼ぶ。

では，具体例に戻って確認をしていこう。(21) と (26) として掲載したものを再度 (31) としてまとめておく。

(31) a.  [pl] → -en / {$\sqrt{\text{Child}}, \sqrt{\text{Ox}}, \ldots$} ___
　　 b.  [pl] → ∅ / {$\sqrt{\text{Man}}, \sqrt{\text{Foot}}, \ldots$} ___
　　 c.  [pl] → -z (非該当形)

まず，child の複数形の場合，その中に $\sqrt{\text{Child}}$ が含まれている ((23) を参照)。この時，$\sqrt{\text{Child}}$ は (31a) の規則の中の「/」以降の条件に合致している。よって，(31a) の規則の適用を受け，これ以上先に進むことはない。結果，[pl] は -en として実現される。同様に foot の複数形の場合にも，その中には $\sqrt{\text{Foot}}$ が含まれており ((24) 参照)，その条件に適合するのは，(31b) である。よって，(31c) の規則まで進むことはない。[12]

それでは，規則的な変化をする dog の場合はどうだろうか。

---

[12] なお，foot に見られる母音の交替は前述した音韻規則から導かれる異形態である。

dog の複数形の素性束に含まれる $\sqrt{\text{Dog}}$ は，(31a) の規則も，(31b) の規則も条件が合致しないため，適用を受けることができない。その結果，より条件の緩い (31c) の規則まで進み，[pl] が -z（ただし，綴りでは -s）で具現化する。

以上をまとめると，以下の表1のようになる。

|       | *child*    | *foot*    | *dog*  |
|-------|------------|-----------|--------|
| (31a) | ルール適用 | N/A       | N/A    |
| (31b) | *          | ルール適用 | N/A    |
| (31c) | *          | *         | ルール適用 |
| 出力  | *child-en* | *feet-Ø*  | *dog-z* |

表1：children, feet, dogs のルール適用

ここまでを見て，複数形の語尾の種類は，上記のような -en, Ø, -z だけではなく，(32b) や (32c) のような変化もあることに気が付いている者もいるだろう。

(32) a. clubs /klʌbz/, shoes /ʃuːz/, cars /kɑːrz/ など
　　 b. cups /kʌps/, cakes /keɪks/, books /bʊks/ など
　　 c. judges /dʒʌdʒiz/, wishes /wɪʃiz/, matches /mætʃiz/ など

しかし，(32) に示された変化は純粋に音韻的な環境により予測可能なものである。分散形態論では，このような変化は再調整規則により生じていると考える。[13] 本節では，規則変化の名詞の複

---

[13] Chomsky and Halle (1968) では，再調整規則の対象となるのは，予測不可能な異音，例えば，動詞 destroy と対応する名詞 destruction の間の oy~uc のような関係のみを扱うとしていた。ここでは，再調整規則をより広い意味で，「音韻的な環境により異なる音を作り出す規則」という意味で用いている。

数形語尾を /z/ に代表させてきたが, 名詞の複数形の規則変化の -(e)s の発音に対しては (32) の3つの可能性がある。ここで最後に, これら3つの音形がどのようなルールに従っているかを確認しておこう。[pl] が無声音の /s/ で発音される場合には, それが付く名詞は無声音で終わっており, /z/ で発音される場合には, それが付く名詞が有声音で終わっている。さらに, /s/, /ʃ/, /z/, /ʒ/ で終わっている名詞の後ろでは /ɪz/ として発音される。よって, 複数形の -(e)s に対応する3つの発音は (31) で示されたような √Root の種類によって決まっているわけではない。また, √Root には, 音に関する情報は含まれていないことも確認した ((14) 参照)。よって, これらの変化は文法や語彙に関する情報からは決定されておらず, 純粋に音韻的な条件により決定されている異形態, つまり, 異音であると考えられる。

　最後に, 再度, 反語彙主義の立場を取る分散形態論の考える形態論を振り返っておこう。分散形態論では, 統語部門での併合を用いた素性の組み合わせによる語形成に加え, 統語部門の後に形態論と呼ばれる語形の決定を行う部門が存在している。さらに, 音韻的な語形の調整は音韻論でも行われる。このような音韻論的な語形の調整は再調整規則と考えられ, 純粋に音韻論の要請で生じる語形変化であると考えられている。このように, 文法の様々な部門に横断して語形成を行えると仮定することが分散形態論の特徴である。

# 第6章 分散形態論の応用可能性

## 6.1. はじめに

　本章では，分散形態論を用いた実際の分析を2つ紹介する。1つ目は，Bobaljik (2012) 以来，分散形態論では度々議論となる，*ABA の問題である。*ABA の問題とは，前章で紹介した環境に依存する異形態の一種である補充形がどのような環境において出現できるのかを明らかにしようとする研究である。2つ目は，複合語の形成に関わる問題である。第2章や第3章で扱ったように，伝統的に複合語は形態部門と統語部門の両者に関わる語形成と考えられてきたが，語形成部門としてのレキシコンを持たない分散形態論ではどのような問題があるのか，それをどう解決するのかを紹介する。

　以下，6.2節で統語論と形態論の接点（syntax-morphology interface）として，2部門の関連性について概観する。6.3節では具体的な *ABA の現象と分析を紹介する。6.4節では，議論は複合語に移り，レキシコンでの語形成を破棄した分散形態論による複合語形成の新たな分析の可能性を紹介する。

## 6.2. 統語論と形態論の関係と局所性

### 6.2.1. 統語構造と語彙の意味

本節では，分散形態論の特徴である統語論と形態論を分けない考え方を採用する利点について検討していく。

まず (1) の動詞 fly は，「飛ぶ」という意味で使われる際には不規則変化をし，原形は fly，過去形では flew に変化する。しかし，fly は特別なコンテクストにおいて別の意味を表すことがある。それは，野球のコンテクストで「飛球を打つ」という場合である。この時には，fly は不規則変化ではなく，規則変化する動詞として使われる。[1]

(1) a. Superman will fly out. (スーパーマンが飛んでいく)
  b. Superman flew out. (スーパーマンが飛んでいった)
  c. Superman flied out. (スーパーマンが飛球でアウトになった)

まず，不規則変化をする fly (飛ぶ) を確認しておく。不規則変化の fly の素性束は第 5 章に従うと，以下の (2a) のようになり，樹形図で書くと (2b) のような構造を持つ。

(2) a. fly (飛ぶ) ↔ {$\sqrt{\text{Fly}}$, $v$}  b. 
$$\begin{array}{c} v \\ \diagup\!\!\!\diagdown \\ \sqrt{\text{FLY}} \quad v \end{array}$$

一方で，規則変化をする (1c) の fly (飛球を打つ) は野球用語である名詞の fly (飛球) に $v$ を加えて動詞化したものである。それぞれの素性の束は (3) のようになる。

---

[1] 同様の現象がすでに第 3 章 (23) の spring においても確認されている。

(3) a. fly (飛球) ↔ {√Fly, n}
    b. fly (飛球を打つ) ↔ {√Fly, n, v}

(3) の素性束は併合され，それぞれ (4a), (4b) の樹形図で表される構造を持つ。

2種類の fly について素性束と構造を確認したところで，2つの異なる意味がどのように決まっていくのかを説明していこう。分散形態論では √Root の意味はそれ自体で決まることはなく，範疇決定子の v, n, a, p と併合した際に決まる。つまり，以下の (5a) のように，√Fly が v の前に出現する環境では，√Fly は「空を飛ぶ」という意味を持つ。他方，(5b) のように，√Fly が n の前に出現する環境では，√Fly は「飛球」という意味を持つ。その「飛球」の意味を持つ [ₙ fly] が，v により動詞化された場合に「飛球を打つ」という意味が生じるのである。

(5) a. √Fly → (空を) 飛ぶ / ___ v]
    b. √Fly → (打球としての) 飛球 / ___ n]

このように，分散形態論では範疇決定子との併合により √Root の意味が決定すると考える。この範疇決定子により区切られた領域のことを局所領域 (local domain) と呼び，この出現環境によって生じる語義の多義性を異義語 (allosemy) と呼ぶ (Marantz (2013))。局所領域内で決定した意味は固定化され，さらなる範疇決定子が併合して品詞が変化したとしても，一度決定した

$\sqrt{\text{Root}}$ の意味が再度変わることはない。[2]

## 6.2.2. 統語構造と形態論の関係

次に，動詞の fly がなぜ不規則変化を生じたり，規則変化を生じたりするのかを説明していく。(6) の樹形図を見ると，名詞の「飛球」が動詞化された (6a) と，$\sqrt{\text{Fly}}$ と $v$ が直接併合した (6b) に構造の複雑さの違いが見られる。なお，ここでは規則変化の fly にしても，不規則変化の fly にしても，過去形を表す場合には構造的に [+past] という過去の形態素が $v$ に併合される必要がある。

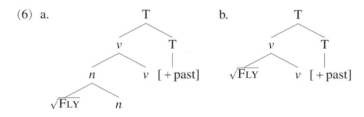

(6) の2つの樹形図を確認すると，(6a) の「飛球を打った」という意味の場合には，時制形態素の [+past] と $\sqrt{\text{Fly}}$ の間に $n$ と $v$ の2つの範疇決定子が出現している。一方，(6b) では，単一の $v$ という範疇決定子が存在しているのみである。この構造の違いが規則変化と不規則変化の違いに繋がっていく。つまり，「(空を) 飛ぶ」という意味の fly では，過去形を指定する T[+past] と $\sqrt{\text{Fly}}$ の間に存在している範疇決定子は $v$ だけであるため，T[+past] が，$v$ を飛び越え $\sqrt{\text{Fly}}$ に影響を与えることがで

---

[2] このような，$\sqrt{\text{Root}}$ と範疇決定子の句 (phrase) がまとまった意味を作るという考えの下では，cat, dog, book などのすべての意味を持つ語彙が慣用句 (phrasal idiom) であるという考えにつながっていく (Marantz (1994))。

き，結果として過去形の異形態である flew が (7a) に従って具現化する。

(7) a. $\sqrt{\text{Fly}} \to$ flew / ___ $v$] T [+past]]
    b. $\sqrt{\text{Fly}} \to$ fly（非該当形）

その一方で，「打球を打つ」という意味の fly では，T[+past] と $\sqrt{\text{Fly}}$ の間に介在する範疇決定子は $n$, $v$ の2つとなる。この時，T[+past] と $\sqrt{\text{Fly}}$ は局所領域になく，T は $\sqrt{\text{Fly}}$ の活用形に関して影響を与えることができない。その結果，$\sqrt{\text{Fly}}$ は (7b) の適用を受けて非該当形で出現し，その過去形は規則活用する flied となる。

### 6.2.3. 接辞に見られる異形態

同様の現象は英語の名詞化の接辞にも見られる。英語の名詞化には2つの可能性がある。1つは，(8a) のように動詞によって異なる名詞化の接尾辞が出現する場合，もう1つは，(8b) のように動詞の種類にかかわらず -ing を用いる場合である。

(8) a.  destruct-tion, laugh-ter, marri-age, break-Ø
    b.  destroy-ing, laugh-ing, marry-ing, break-ing

まずは，destruction と destroying を比較し，その違いを明らかにする。

(9) The demons destroy the city.（悪魔たちが街を破壊する）
    a. the demons' destruction of the city（悪魔の街の破壊）
    b. the demons' destroying the city（悪魔の街の破壊）

(9) は動詞を中心とした文である。また，(9a), (9b) は文を名詞句で表した形となっている。この時，(9a) でも (9b) でも，そ

の動作を行う主体（動作主：agent）の the demons は属格の -'s を伴っている。しかし，破壊される対象（主題：theme）の the city は，派生名詞の (9a) では前置詞 of を伴っているが，動名詞の (9b) では前置詞を伴わず，直接動詞に後続している。この違いは the city に対する対格の与えられ方に起因する。通常，格フィルター（Chomsky (1982)）の要請により，名詞句は格を伴って出現しなくてはならない。しかし，派生名詞の destruction は自身も名詞であるので，格を与える能力を持たない。よって，目的語には動詞以外からの格の付与が必要となる。結果として，of が目的語名詞句の前に出現し，the city に格を与える。一方で，動名詞の場合には動名詞が目的語の the city に対して対格を与えることで説明が付く。この観察が正しいとすれば，(10) の樹形図で示されるように，派生名詞 destruction の場合には $v$ による動詞化が関わっていないのに対し，動名詞 destroying の場合には動詞化が名詞化より前に行われていることになる。

(10) a. destruction　　　　　b. destroying

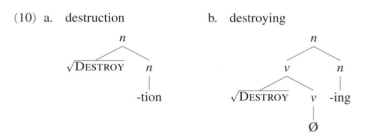

ここで，注目したいのは，名詞化接辞の出現する $n$ の構造的な位置である。前節で紹介したように，ある語彙の意味を決定したり，音声的具現化を決定する際に影響を与えることができる要素は，同一の局所領域に存在する要素であった。これを踏まえて，(10a) を考えてみると，$n$ と $\sqrt{\text{Destroy}}$ の間には，他の範疇決定子が介在していない。よって，$n$ と $\sqrt{\text{Destroy}}$ は局所的な関

係と言うことができる。したがって、$n$ から $\sqrt{\text{Destroy}}$ は可視的（visible）である。一方、(10b) はどうだろうか。$n$ と $\sqrt{\text{Destroy}}$ の間には音声的具現化はないものの、$v$ が介在している。この時、$n$ は $\sqrt{\text{Destroy}}$ と局所的な関係になく、$n$ から $\sqrt{\text{Destroy}}$ は不可視的（invisible）となる。この局所関係にない $n$ は、語彙挿入に関する環境設定で $\sqrt{\text{Destroy}}$ の情報を使うことができず、基底形（default）の音声的具現化である -ing で具現化する。結果として、動名詞のように [$_n$ [$_v\sqrt{\text{Root}}$ $v$] $n$] という構造のもとでは、$n$ の具現化としては -ing 以外が選択できないことになる。(8a) に挙げた他の例でも、動詞化を経ずに派生名詞が作られた場合には、$n$ から $\sqrt{\text{Root}}$ を直接見ることが可能な (11) の構造を持ち、それぞれの $\sqrt{\text{Root}}$ の指定に従って、様々な形で具現化が生じると考えられる。

(11)

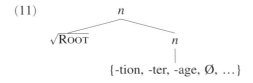

## 6.3. 補充形と局所性：*ABA

### 6.3.1. 補充形とは

本節では、分散形態論の考える語彙挿入の規則を用いることにより説明可能となった現象の1つ目の補充形に関する議論を紹介する。この補充形に関わる問題は Bobaljik (2012) 以来、分散形態論で議論となることが多い。まず、補充形とはどのようなものかを簡単に説明しておく。補充形の例として、英語では (12) のような現在形と過去形の不規則変化や、形容詞の比較級、最上

級の語幹の形が原級と異なっている場合が挙げられる。(12a) の動詞の場合には，通常の生産的な規則動詞であれば，-ed を動詞の原形に付加することで過去形が得られるが，went の場合には，語幹の wen は go からは予測ができない。同様に，(12b) の形容詞の場合には，比較級，最上級はそれぞれ原級に -er, -est を付加することによって得られるが，be(tt)-er や，be-st では語幹の be の出現が good からは予測できない。

(12) a. go~wen(t)
　　 b. good~be(tt)-er~be-st

また，日本語では (13) に示されるような，敬語を作る際に，語幹の形が元の動詞の形と異なっている場合も補充形と呼ばれる。ここでもやはり，日本語の主語尊敬語化では，元の動詞に対して「お … になる」という形式を付加することで生産的に尊敬語を作ることができるが，「いらっしゃる」は「来る」からは予測不可能である。

(13)　来る~いらっしゃる

このように，原形，原級とは音声的に関係ない形で実現されている形式を補充形と呼ぶ。補充形に関して学校文法では不規則活用として覚えるしかないとされていたが，分散形態論を用いることで，その出現環境に一定の規則性を見出すことが可能となる。

## 6.3.2. 不規則変化の規則性

　補充形の細かな分析に入る前に，本節では，不規則変化が補充形により出現していることを念頭に，世界の言語の補充形について Bobaljik (2012) の議論を紹介していく。Bobaljik は，世界の言語の比較級と最上級の意味を表す単語について幅広く観察

し，補充形の普遍性についての提案を行っている。

　まず，以下の表を見てみよう。なお，表では分かりやすいように語幹部分を太字で表してある。

|  | 意味 | 原級 | 比較級 | 最上級 | パターン |
|---|---|---|---|---|---|
| 英語 | 賢い | **smart** | **smart**-er | **smart**-est | AAA |
| 英語 | 良い | **good** | **bett**-er | **be**-st | ABB |
| チェコ語 | 悪い | **špatn**-ý | **hor**-ší | nej-**hor**-ší | ABB |
| ラテン語 | 良い | **bon**-us | **mel**-ior | **opt**-imus | ABC |
| ウェールズ語 | 良い | **da** | **gwell** | **gor**-au | ABC |

表1：世界の言語の比較級・最上級のパターン

表1の1行目を見てみよう。英語の smart のように語幹が常に変化しないものが，規則変化の形容詞である。規則変化では，原級としても使われる語幹に -er, -est を付加することで比較級と最上級が作られる。これを AAA パターンとする。

　つづいて，表1の2行目は不規則変化の good であるが，ここでは，比較級と最上級は原級で使われる語幹とは異なる形の語幹が使われている。good の比較級と最上級は better~best と変化している。ここで注目すべきは，-er, -est が接続している語幹の be(tt), be であり，比較級と最上級で共通する be が good の比較級と最上級の補充形である。これを ABB パターンとする。

　英語の good と同様の不規則変化の例は3行目のチェコ語でも見られ，原級の形態では šptan-ý に対し，比較級と最上級では語幹に hor が現れる。これも同様に ABB である。

　4行目のラテン語では，英語の good に相当する形容詞の語幹は，原級では bon，比較級では mel，最上級では opt と変化している。これは，5列目のウェールズ語でも同様で，原級・比較級・最上級で，da~gwell~gor と語幹が変化している。このよう

なパターンを ABC とする。まとめると，各言語の比較級と最上級の形態的変化に関して，(14) のような一般性が見られる。

(14) もし最上級が原級に対する補充形で実現されるのであれば，比較級も補充形で実現される。

逆に (14) から予測されることは，表2に示されるパターンが（少なくとも比較級と最上級では）観察されないということである。表2は仮想の言語の例を英語で表している。

|  | 意味 | 原級 | 比較級 | 最上級 | パターン |
|---|---|---|---|---|---|
| 存在しない | 良い | good | bett-er | good-est | ABA |
| 存在しない | 良い | good | good-er | be-est | AAB |

表2：存在しない比較級・最上級のパターン

1行目は比較級だけが補充形の ABA パターン，2行目は最上級だけが補充形の AAB パターンである。Bobaljik (2012) によれば，実際の世界の言語にも ABA と AAB は存在しないことが報告されている。

### 6.3.3. 語彙挿入と不規則変化

前節で確認したように，世界の言語の形容詞の不規則変化では AAB や ABA のような変化が見られない。ここでは，特に ABA が原理的に出現できないことが，分散形態論を採用することで適切に予測できることを示す。

ここからは，これまでに導入された (15) の3つの道具立てを用いて説明をする。

(15) a. √Root 仮説（√Root Hypothesis）
　　b. 語彙挿入（Vocabulary Insertion）
　　c. 局所性（locality）

以降の議論では，原級，比較級，最上級の構造について（16）のような，Bobaljik（2012）で仮定される構造を用いて説明していく。以下の形容詞の構造では，原級に対して比較級の形態素 $c$(omparative) が付加して比較級を作り，さらに，比較級に最上級の形態素 $s$(uperlative) が付加して最上級が作られると仮定する。[3] したがって，原級，比較級，最上級は樹形図では（16a-c）のようになり，それぞれ $a, c, s$ は範疇決定子として振る舞う。

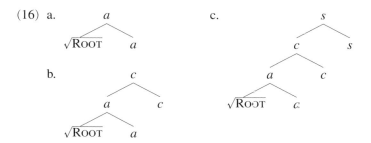

（16）の樹形図の重要な点は，「最上級が出現する環境には比較級の構造が必ず内包されている」ということである。そのような，ある要素の出現のための前提として別の要素が含まれていると仮定することを，Bobaljik（2012）は内包仮説（Containment Hypothesis）と呼んでいる。

　手始めに smart~smart-er~smart-est のような AAA パターンから考えよう。smart の場合には，語幹の形態が原級，比較級，

---

　[3] 詳細な議論は紙幅の都合上，本書では扱えないが，興味がある読者は Bobaljik（2012）を読んでほしい。

最上級で変化していない。この場合の語彙挿入の規則として (17) が考えられる。なお, (17) でも規則は上に書かれたものから順番に適用される。

(17)　形容詞 smart の語彙挿入の規則
　　a.　$s \rightarrow$ -est
　　b.　$c \rightarrow \emptyset$ / ＿＿］$s$］
　　c.　$c \rightarrow$ -er
　　d.　$a \rightarrow \emptyset$
　　e.　$\sqrt{\text{Smart}} \rightarrow$ smart （非該当形）

　まず, 原級 smart を考えてみよう。原級は (16a) の構造を持ち, $\sqrt{\text{Smart}}$ に $a$ が付加した構造である。よって, (17d) と (17e) を用いて smart として出現する。つづいて, 比較級 smart-er の場合を考えると, 比較級の構造は (16b) となる。この時, (16a) で得られた smart に加えて, (17c) が適用され, $c$ が -er として出現し, これらを組み合わせることにより, smart-er が得られる。最後に最上級 smart-est は, (16c) の構造を持っている。この時, $c$ の音形の決定に際して, $c$ の上には, $s$ があるため, (17c) は採用されず (17b) が採用される。この時, $c$ の音形は $\emptyset$ として出現する。[4] さらに, $s$ については, (17a) が適用され, -est が音形として選択されることで smart-$\emptyset$-est が具現化する。

　次に, ABB パターンを取る good~bett-er~be-st に移る。この場合も smart とほぼ同様の語彙挿入の規則の (18) が適用される。

---

[4] 通言語的に, 最上級を作る s が比較級に付加された場合には c は音声的に具現化しないことが多いと言われている (Bobaljik (2012))。

(18) 形容詞 good の語彙挿入の規則
    a.  $s \rightarrow$ -est
    b.  $c \rightarrow \emptyset$ / \_\_\_ ] $s$]
    c.  $c \rightarrow$ -er
    d.  $a \rightarrow \emptyset$
    e.  $\sqrt{\text{Good}} \rightarrow$ be(tt)/ \_\_\_ ] $a$] $c$]
    f.  $\sqrt{\text{Good}} \rightarrow$ good（非該当形）

ここで，smart~smart-er~smart-est と good~bett-er~be-sī が異なる点として，(18e) が示すように $c$ の存在する環境で $\sqrt{\text{Good}}$ には good という音形が与えられず，be(tt) が挿入されることが挙げられる。これは，(18e) と (18f) を比較した場合に，(18e) がより複雑な規則であることに起因している。また，最上級の構造にも比較級の構造が含まれているので，最上級でも (18e) の規則が適用され，語幹は be(tt) の形で実現される。

最後に，ABC のパターンを見てみよう。なお，ABC のパターンは英語では観察されないため，ここでは表1にあるラテン語の bon-us~mel-ior~opt-imus を例に取り説明する。再度の確認となるが，ABC パターンでは比較級と最上級の両者で $\sqrt{\text{Root}}$ に別々の補充形が生じる。この時の語彙挿入の規則は (19) となる。

(19) ラテン語 bon の語彙挿入の規則
    a.  $s \rightarrow$ -imus
    b.  $c \rightarrow \emptyset$ / \_\_\_ ] $s$]
    c.  $c \rightarrow$ -ior
    d.  $a \rightarrow \emptyset$ / \_\_\_ ] $c$]
    e.  $a \rightarrow$ -us
    f.  $\sqrt{\text{Good}} \rightarrow$ opt- / \_\_\_ ] $a$] $c$] $s$]
    g.  $\sqrt{\text{Good}} \rightarrow$ mel- / \_\_\_ ] $a$] $c$]

h. $\sqrt{\text{Good}}$ → bon（非該当形）

それではまず，原級の bon-us から確認する。原級は (16a) の構造を持つ。この時，$\sqrt{\text{Good}}$ には (19h) が，$a$ には (19e) が適用され，bon-us として実現される。

次に，比較級は (16b) の構造を持つ。この時，$c$ の存在により，$a$ に対して (19e) は適用できず，より複雑な (19d) の規則が適用され，Ø として出現する。加えて，$\sqrt{\text{Good}}$ に関しても，$a$ と $c$ が同時に存在するコンテクストを指定する (19g) により，mel- が語彙挿入の候補となる。その結果，mel-Ø-ior が出現する。

最後に，最上級の opt-imus の場合には，(16c) の構造に対し，$s$ には (19a)，$c$ には (19b)，そして，$c$ と $s$ の両者によって指定されている $\sqrt{\text{Good}}$ には (19f) が適用され，その結果，$s$ には -imus，$c$ には Ø，$\sqrt{\text{Good}}$ には opt- が語彙挿入され，opt-Ø-imus という形が出現する。

ここまでが，Bobaljik (2012) による補充形の出現に関する説明である。次節では本節の内容からもう一歩踏み込み，補充形の出現としてあり得ない *ABA が分散形態論を採用することによって原理的に説明されることを示す。

### 6.3.4. ABA がなぜ出現しないか

本節では「形容詞の比較級と最上級で通言語的に ABA というパターンがなぜ現れないか」（以下 *ABA と称する）について考察する。なお，Bobaljik (2012) では，前節の ABC パターンにおいて，C が偶然にも A の音形と重なっている場合があることを指摘している。例えば，(20) に挙げる古代ギリシア語の比較級と最上級がこれに当たる。

(20) a. **meg**-as~meiz-ōn~**meg**-ist-os（大きい）
　　b. **ach**-us~thass-ōn~**tach**-ist-os（即座の）

(20) の例に関しては，前章で説明した再調整規則の結果であるとされており，詳細はここでは紹介しない。

さて，*ABA について考える場合に重要になるのは，原級で出現する音形が基本形となるということである。語彙挿入の適用の順序を考えると，より複雑な，言い換えれば，より条件の厳しい語彙挿入を先に適用候補としなければならない。ここで，もう一度，good と be(tt) の語彙挿入の規則を確認しておこう。

(21) a. $\sqrt{\text{Good}}$ → be(tt) / ___ ] $a$] $c$]
　　b. $\sqrt{\text{Good}}$ → good（非該当形）

(21) に示されるように，$\sqrt{\text{Good}}$ の音形として good が選択される可能性があるのは，(21a) のルールに適合しない場合のみになる。ここで，(16) の内包仮説を振り返っておくと，最上級の構造には，比較級が含まれており，比較級の構造には，原級が含まれている。これをラベル付き括弧で表すと (22) のようになる。ここでは，より括弧の埋め込みが深いものが内包されているという意味である。

(22) [[[$\sqrt{\text{Root}}$ $a$] $c$(OMPARATIVE)] $s$(UPERLATIVE)]

ここで，原級を作る素性は $\{\sqrt{\text{Root}}, a\}$ という束を構成する。この原級の素性束に対して，比較級は $c$ を付加する。この $\{\sqrt{\text{Root}}, a\}$ は，$c$ が付加されても smart のように音形が変わらない場合と，good のように音形が変わる場合があった。このそれぞれが，AA の可能性と，AB の可能性である。

つづいて，最上級は内包仮説により比較級に対して $s$ を付加

したものとなる。この時の素性束は $\{\sqrt{\text{Root}}, a, c\}$ に対して，$s$ を付加したものとなる。この時に $\{\sqrt{\text{Root}}, a, c\}$ に関してあり得る1つの形は，smart~smart-er~smart-est と good~be(tt)-er~be-st のように，$\{\sqrt{\text{Root}}, a, c\}$ から得られる smart や，be(tt) の音形を変えないパターンである。この時には $s$ に対して -est という音形が挿入されるため，smart では AAA として，good では ABB として，(22) の SUPERLATIVE の左側で使われた音形と同じ音形が最上級でも用いられる。また，別の可能性として，$c$ と $s$ の2つの要素が語幹に対して同時に $\{\sqrt{\text{Root}}, a\}$ に作用し，補充形を出現させるラテン語の bon-us~mel-ior~opt-imus のような形があり，これが ABC のパターンとなる。[5]

しかし，(22) で示した構造において，一番外側にある $s$ が，その内側にある $c$ を飛び越えて，$\{\sqrt{\text{Root}}, a\}$ に挿入される音声的具現化の条件になることはない。これは，すでに述べたように，局所性の観点から，範疇決定子の $s$ と $\{\sqrt{\text{Root}}, a\}$ は異なる領域に存在しているためである。つまり，$s$ の存在によって $c$ の存在がなかったことになったり（≒削除されたり），あるいは，$s$ が $c$ を飛び越えて，比較級ですでに補充形として出現していた $\{\sqrt{\text{Root}}, a\}$ を元の原級の形態で実現したりする ABA は，分散形態論の理論上不可能なのである。

以上，形容詞の変化のパターンを表3としてまとめておく。

---

[5] ABC の音形をどのように出現させるのかは未だに決着を見ていない。詳細は Bobaljik (2012) を参照。

| タイプ | 原級 | 比較級 | 最上級 |
|---|---|---|---|
| AAA | 原級 | 原級 -er | 原級 -est |
| ABB | 原級 | 補充形 -1 | 補充形 -1 |
| ABC | 原級 | 補充形 -1 | 補充形 -2 |
| *ABA | 原級 | 補充形 -1 | 原級 -est |

表3：形容詞の変化のタイプ

　このように，分散形態論の語彙挿入は，原級・比較級・最上級をどのように作り出すかのみならず，なぜ比較級と最上級に見られる語形変化が限られたパターンとなるのかという言語システムそのものの謎に答えを与える可能性がある。現在，同様の説明が名詞や動詞の変化についても可能なのか，多くの研究者が興味を持って取り組んでいる（Caha (2009), Smith et. al (2019) など）。

## 6.4. 複合語と分散形態論

### 6.4.1. 日本語の複合語

　本節では分散形態論の実証的な研究の2つ目として，日本語の複合語に関する分析を紹介する。複合語，特に日本語の複合語については，これまで語彙部門で生産される語彙的複合語と統語部門で生産される統語的複合語が存在すると考えられてきた（影山 (1993) など）。しかし，分散形態論が考える単一駆動仮説を採用した場合，上で述べたような語彙的複合語と統語的複合語という観点とは異なる分析が必要となる。

　まず，分散形態論による複合語の考え方を検討する前に，日本語の複合語について簡単に紹介していく。すでに第2章や第3章で見た通り，複合とは2つ以上の語が組み合わさって1つの語となる現象で，英語では blackboard, bathroom などのように

自由形態素から作られるものと，photograph, telegraph などのように連結形から作られるものがある。

　日本語の複合語を検討するにあたり，まず語種について確認する。日本語の語種は古来から日本に存在していた和語（native Japanese），中国語由来と言われる漢語（sino-Japanese），擬音語・擬態語などを含むオノマトペ（mimetics），外国語から借用した外来語（foreign）の4種類がある（Tsujimura (2013)）。

| 英語での意味 | 和語 | 漢語 | オノマトペ | 外来語 |
|---|---|---|---|---|
| shine | 輝く | -光 | キラキラ | シャイン |
| dog | いぬ | -犬 | わんわん | ドッグ |

表4：日本語の語種

　この4つの中でオノマトペを除いた3種が主に複合語形成に関わってくる。Tsujimura (2013) では同一の語種の複合として，(23) の和語同士の複合語と (24) の漢語同士の複合語が挙げられている。

(23)　和語同士の複合語：秋空，近道，飲み水，雪解け，はら痛
(24)　漢語同士の複合語：規則，高利，殺人，警告，研究

また，日本語の複合では，異なる語種が複合語を作ることもある。

(25)　異なる語種の複合語
　　a.　漢語と和語の複合語：台所
　　b.　漢語と外来語の複合語：石油ストーブ
　　c.　外来語と漢語の複合語：タオル地
　　d.　和語と外来語の複合語：板チョコ

e.　外来語と和語の複合語：ガラス窓

　(23) から (25) に挙げた複合語の中で，特に和語同士の複合語の場合には，音韻的な変化が生じる。例えば (23) の「秋空」の例では，「あき」と「そら」が組み合わさっている。この時に，複合語の2つ目の要素となる「そら」の最初の /s/ が /z/ に有声化している。このような，複合語に見られる後部要素の最初の子音の有声化現象を連濁 (sequential voicing) と呼ぶ。なお，この連濁に関しては，対比関係にある要素の複合語 (dvandva compound) には観察されないことも知られている (Otsu (1980))。

(26)　対比関係になる複合語：親子，天地，白黒，枝葉

　また，語の緊密性に関して，日本語でも英語と同様に複合語の一部の要素に対して統語的な操作は適用できないことが知られている (1.3 節参照)。(27) は複合語「草むしり」の一部の「草」の部分だけを代名詞化したものであるが，そのような操作は認められない。

(27) *今日は家の庭を掃除する日だったので，太郎は草むしり
　　　をしたが，次郎はそれむしりをしなかった。

また，動詞を主要部とする複合語を観察すると，英語と同様に第一姉妹の法則が働いており，目的語の「絵」と動詞「描く」は複合語を形成する一方で，主語の「美大生」とは複合語は作れない。

(28)　美大生が絵を描く。
　　　a.　絵描き　　　　　　　　b. *美大生描き

さらには，動詞が複合語を作る場合には，その動詞の項以外に，随意的に動詞を修飾する要素である付加詞 (adjunct) とも複合語

を作ることができる。(29) の「磯で」は場所を表す付加詞であるが,「釣り」と複合語を作ることができる。

(29) 漁師が磯で魚を釣る。
  a. *漁師釣り    b. 磯釣り    c. 魚釣り

連濁に関しては,項の複合では連濁が生じない一方,付加詞の複合では連濁が生じるという違いがある(伊藤・杉岡 (2002))。

### 6.4.2. 2種類の複合語

　複合は生産性が高い語形成であり,品詞の観点から見ても様々な品詞の語が複合する。例えば,「道路標識」や「石油ストーブ」のような名詞と名詞の複合語 (N-N compound),「泡立つ」や「波打つ」のような名詞と動詞の複合語 (N-V compound),「書き始める」や「見送る」のような動詞と動詞の複合語 (V-V compound),「欲深い」や「口達者な」のような名詞と形容詞の複合語 (N-A compound) など様々な品詞が複合語を構成する。[6] 本節では,この中で特に動詞と動詞の複合語(以下 V-V 複合語)に限って議論していく。

　V-V 複合語はその振る舞いから2種類に分けることができる。まず1つ目のタイプは,複合語の1つ目の動詞(以下では $V_1$ とする)が複合語の全体の動作を決め,その動作のアスペクトを2つ目の動詞(以下では $V_2$ とする)が決めるタイプである。例えば,(30a) の「書き始める」であれば, $V_1$ が「書く」という動作を表し, $V_2$ がその動作の開始を意味する。また,(30b) の「書き終

---

　[6] 日本語の形容詞には,いわゆる学校文法で形容詞と呼ばれるイ形容詞 (*i*-adjective) と,形容動詞と呼ばれるナ形容詞 (*na*-adjective) の2種類がある。ここでは,イ形容詞もナ形容詞も形容詞としているが,ナ形容詞の品詞に関しては研究者間でも議論があり,名詞であると主張する研究者もいる。

わる」であれば,「書く」という動作が「終わる」というように,$V_2$ は $V_1$ の動作がどのように進むかを示している。この時,$V_2$ と $V_1$ の組み合わせには大きな制限はなく,生産性が高い。

(30) a. {書き,食べ,飲み,遊び,笑い…} 始める
　　 b. {書き,食べ,飲み,遊び,笑い…} 終わる

　一方で,(31) の例を見ると,それぞれの組み合わせは比較的固定されており,$V_1$ を他の動詞に変えて新たな複合語を作ることは難しい。

(31) a. 撃ち殺す,飛び回る,光り輝く,繰り返す…
　　 b. *飛び殺す,*撃ち回る,*繰り輝く,*光り返す…

語彙部門と統語部門を独立して仮定するこれまでの形態論では,2種類の振る舞いの異なる複合は,それぞれ語彙部門で作られる語彙的複合語(lexical compound)と,統語部門で作られる統語的複合語(syntactic compound)の違いに還元されるとして説明されてきた。ここで,2つの V-V 複合語の統語部門での操作に対する振る舞いの違いを見ていく。

　まず,$V_1$ を受身にした場合,(32a) のように,生産性の高いタイプの V-V 複合語は文法的である一方,生産性の低いタイプの V-V 複合語は非文法的になる。

(32) a. 書き+始める:書き始める → 書かれ始める
　　 b. 撃ち+殺す:撃ち殺す → *撃たれ殺す

他にも,統語的操作である「そうする」置き換え(so-suru replacement)の場合にも,生産性の異なる2つの V-V 複合語は文法性において異なる振る舞いを示す。

(33) a. 太郎が走り続けるのを見て，次郎もそうし続けた。
b. *太郎が遊び暮らすの見て，次郎もそうし暮らした。

　このように，一見すると同一の V-V 複合語と見られるが，生産性の高いグループと低いグループが異なる振る舞いをすることが分かる。このような振る舞いの違いは，語彙的複合語と統語的複合語が作られる部門の違いとして伝統的な形態論では説明されてきた。

　しかしながら，先に述べたように，分散形態論ではレキシコンでの語形成が破棄されている。その結果，これまでのような語彙部門での操作を仮定することができない。よって，上記のような振る舞いの違いに対して新たな説明が必要となる。次節では，現在考えられているレキシコンでの語形成を用いない2つの V-V 複合語の形成方法について紹介する。

### 6.4.3. 語彙部門の破棄と複合語

　本節では，語彙部門を想定しない分散形態論による「語彙的複合語」の派生の可能性について検討していく。分散形態論では，語が $\sqrt{\text{Root}}$ と範疇決定子から成っているが，それらが語彙的複語の形成にどのように関わるのか，ということである。先に述べたように伝統的な形態論では語彙的複合語がレキシコンで形成されるという直感を持っていたが，それを，分散形態論では語として独り立ちする前の要素として捉え直すという発想が重要である。

　すでに見たように，語彙的複合語において，「そうする」はその一部を代用することができない。ここでは，「思い出す」の「思い」を「そうする」で置き換える。

(34) a. 太郎が結婚記念日を [思い出す] のと，[思い出さ] ないのとでは大違いだ。

b. *太郎が結婚記念日を [思い出す] のと, [そうし出さ] ないのとでは大違いだ。

(34a) の「思い出す」は (34b) のように「そうする」置き換えが不可能である。よって,「思い出す」は語彙的複合語である。

　この時, 1つの可能性として,「思い出す」自体が1つの単語であると考えるのはどうだろうか。つまり,「そうする」で「思い」を置き換えできないことから,「思い出す」全体が $\sqrt{\text{Omoi-das-}}$ のような1つの $\sqrt{\text{Root}}$ を形成していると考えるわけである。しかし, この可能性は, (35) が示すように $V_1$ 部分の「思い」のみが削除可能であることから否定される。

(35)　太郎が結婚記念日を思い出すのと, 出さないのとでは大違いだ。

通常, $\sqrt{\text{Root}}$ は構造を持たない単一の要素であると考えられている。よって, その一部には削除が適用できず, 削除を適用するのであれば全体を削除しなくてはならない。したがって, (35) は $\sqrt{\text{Root}}$ の一部に削除を適用したことになるため, 結果的に「思い出す」が $\sqrt{\text{Omoidas-}}$ である可能性は否定される。

　ここで, 分散形態論で語を作り得る単位について思い出そう。分散形態論では語として音形を得るためには $\sqrt{\text{Root}}$ と範疇決定子の組み合わせが必要である。また,「そうする」置き換えに関しては動詞句全体に対して適用されると知られている。そのように考えた場合に, (34b) の「思い」の「そうする」置き換えが非文法的であるということは,「思い」が動詞句となっていない可能性があり得る。よって,「思い出す」が単一の $\sqrt{\text{Root}}$ でないこと, そして,「思い」が動詞句でもないということから,「思い出す」のような語彙的複合語に対して (36) の構造を仮定すること

ができる。

(36) では √Omow- と √Das- の 2 つの √Root が直接結合し，それらが新たな √Root を形成していることを示している。ここで，削除が前側の √Root にのみ適用されると仮定することにより，(35) の文法性を説明することができる。

(36)

では，統語的複合語と呼ばれていた V-V 複合語はどうであろうか。(37)，(38) で再掲するように統語的複合語は受身や「そうする」置き換えを許す。

(37) 書き＋始める：書き始める → 書かれ始める
(38) 太郎が走り続けるのを見て，次郎もそうし続けた。

よって，$V_1$ と $V_2$ それぞれが独立した語としての立場を持っているはずである。そのような立場は √Root と範疇決定子によって構成される。(37) に関しては，通常受身を作る形態素は $v$ に出現すると考えられるため，統語的複合語は √Root と $v$ の両者を含んでいると考えられる。さらに，「そうする」置き換えは動詞句を対象とするのであるから，(38) のように √Root と $v$ の組み合わせがその対象となることも同時に説明が付く。このことから，統語的複合語は (39) のような構造を持っていると考えることができるかもしれない。

(39)

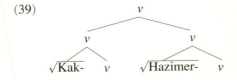

以上，分散形態論でのV-V複合語の派生について検討してきたが，分散形態論の仮定する語彙部門の破棄は，語彙部門で行われてきた様々な操作に関して，新たな説明が必要となるという点で大きな影響を持っており，今後の理論的発展が望まれる。

# 推薦図書

・Huddleston, Rodney and Geoffrey K. Pullum (2002) *The Cambridge Grammar of the English Language,* Cambridge University Press, Cambridge.

　CGEL（シージェル）と呼ばれる世界最高峰の包括的英文法書。屈折と語形成について 18 章と 19 章で詳しく記述している。「英文法大事典」シリーズとして開拓社から翻訳も出ている。

・影山太郎（1993）『文法と語形成』ひつじ書房.

　日本語の用例が豊富で，様々な語形成に関わる理論が紹介されており，最後には著者が提唱する「モジュール形態論」の枠組みが紹介されている。中級者から上級者向け。

・影山太郎（1999）『形態論と意味』くろしお出版.

　本書の第 4 章で扱った語の意味分析を日英対照の視点で詳しく解説している。練習問題や研究テーマの紹介も豊富で自学自習もしやすい。初級者から中級者向け。

・漆原朗子（編）（2016）『形態論』朝倉書店.

　形態論の基本概念とその隣接領域について平易に書かれた概説書。派生形態論や屈折形態論だけでなく，言語処理や機械解析に関する章もある。初級者向け。

・西山國雄・長野明子（2020）『形態論とレキシコン』開拓社.

　20 世紀後半から最新の研究成果までを含む形態論のモノグ

ラフ。ある程度の前提知識が必要だが，多様な形態理論を様々なトピックから学べる。中級者から上級者向け。

・Booij, Geert (2012) *The Grammar of Words: An Introduction to Linguistic Morphology*, Oxford University Press, Oxford.
読みやすい英語で書かれた形態論の概説書。本書では触れられなかった形態論の心理的側面（実験）や認知的側面（構文文法）についても詳しく書かれている。中級者向け。

・Spencer, Andrew (1991) *Morphological Theory: An Introduction to Word Structure in Generative Grammar*, Blackwell, Oxford.
生成文法における形態論の理論的な分析を紹介する書籍。非常に包括的で理論の発展を知るのに便利。通読することが望ましいが，必要な部分を拾い読みするだけでも勉強になる。中級者から上級者向け。

・大関洋平・漆原朗子 (2023)『分散形態論の新展開』開拓社.
本書の第5章と第6章で取り上げた分散形態論の枠組みで書かれた，日本初の「分散形態論だけ」の論文集。ある程度の統語論と音韻論の知識が必要だが，分散形態論を用いてどのような研究ができるかを知ることができる。上級者向け。

・伊藤たかね・杉岡洋子 (2002)『語の仕組みと語形成』研究社.
研究社から発売されている英語学モノグラフシリーズの一冊。語彙主義の立場から形態論と統語論の共通点や相違点について書かれている。事実・分析ともに充実しており，内容は実験言語学にも及ぶ。中級者から上級者向け。

- Harley, Heidi (2006) *English Words: A Linguistic Introduction*, Blackwell, Oxford.

    英語の「語」に関して，生成文法を基盤にして書かれた入門書。平易な英語で書かれており，説明もわかりやすいので，予備知識のない初学者でも面白く読める。初級者向け。

- 大石強・西原哲雄・豊島庸二（編）(2005)『現代形態論の潮流』くろしお出版.

    形態論における様々な観点からの当時の最新論文が13編収められた論文集。日本での形態論研究の知見を知ることができる。中級者から上級者向け。

- 西原哲雄・田中真一（編）(2015)『現代の形態論と音声学・音韻論の視点と論点』開拓社.

    形態論と音声学・音韻論に関わる論文集。2005年刊行の『現代形態論の潮流』（くろしお出版）の続編となる研究書兼概説書である。中級者から上級者向け。

- 西原哲雄（編）(2021)『形態論と言語学諸分野とのインターフェイス』開拓社.

    形態論を中心とした観点から，音韻論，統語論，意味論などの他の言語学分野とのインターフェイスに焦点を当てた論文集兼概説書。初級者から上級者向け。

# 参考文献

Algeo, John (1980) "Where Do All the New Words Come from?" *American Speech* 55, 264-277.
Allen, Margaret R. (1978) *Morphological Investigations*, Doctoral dissertation, University of Connecticut.
Anderson, Stephen R. (1982) "Where's Morphology?" *Linguistic Inquiry* 13, 571-612.
Anderson, Stephen R. (1992) *A-Morphous Morphology*, Cambridge University Press, Cambridge.
安藤貞雄・澤田治美 (2001)『英語学入門』開拓社, 東京.
Aronoff, Mark (1976) *Word Formation in Generative Grammar*, MIT Press, Cambridge, MA.
Baker, Mark (1988) *Incorporation: A Theory of Grammatical Function Changing*, University of Chicago Press, Chicago.
Bauer, Laurie (1983) *English Word-Formation*, Cambridge University Press, Cambridge.
Bauer, Laurie (1994) *Watching English Change: An Introduction to the Study of Linguistic Change in Standard Englishes in the Twentieth Century*, Longman, Harlow.
Bauer, Laurie, Rochelle Lieber and Ingo Plag (2013) *The Oxford Reference Guide to English Morphology*, Oxford University Press, Oxford.
Bobaljik, Jonathan David (1995) *Morphosyntax: The Syntax of Verbal Inflection*, Doctoral dissertation, MIT.
Bobaljik, Jonathan David (2012) *Universals in Comparative Morphology: Suppletion, Superlatives, and the Structure of Words*, MIT Press, Cambridge, MA.
Borer, Hagit (2004) *Structuring Sense, Volume 1: In Name Only*, Oxford University Press, Oxford.
Burzio, Liugi (1986) *Italian Syntax: A Government-Binding Approach*,

Reidel, Dordrecht.
Burzio, Liugi (1994) *Principles of English Stress*, Cambridge University Press, Cambridge.
Busa, Federica (1996) *Compositionality and the Semantics of Nominals*, Doctoral dissertation, Brandeis University.
Caha, Pavel (2009) *The Nanosyntax of Case*, Doctoral dissertation, University of Tromsø.
Chomsky, Noam (1957) *Syntactic Structures*, Mounton, The Hague.
Chomsky, Noam (1970) "Remarks on Nominalization," *Readings in English Transformational Grammar*, ed. by Roderick Jacobs and Peter Rosenbaum, 184–221, Ginn and Co., Waltham, MA.
Chomsky, Noam (1982) *Some Concepts and Consequences of the Theory of Government and Binding*, MIT Press, Cambridge, MA.
Chomsky, Noam and Morris Halle (1968) *The Sound Pattern of English*, Harper & Row, New York.
Clark, Eve V. and Herbert H. Clark (1979) "When Nouns Surface as Verbs," *Language* 55, 767–811.
Comrie, Bernard (1989) *Language Universals and Linguistic Typology: Syntax and Morphology*, 2nd ed., University of Chicago Press, Chicago.
Di Sciullo, Anna Maria and Edwin Williams (1987) *On the Definition of Word*, MIT Press, Cambridge, MA.
Downing, Pamela (1977) "On the Creation and Use of English Compound Nouns," *Language* 53, 810–842.
Embick, David (2010) *Localism versus Globalism in Morphology and Phonology*, MIT Press, Cambridge, MA.
Embick, David (2015) *The Morpheme: A Theoretical Introduction*, De Gruyter Mouton, Boston.
Embick, David and Alec Marantz (2008) "Architecture and Blocking," *Linguistic Inquiry* 39, 1–53.
Embick, David and Rolf Noyer (2007) "Distributed Morphology and the Syntax-Morphology Interface," *The Oxford Handbook of Linguistic Interfaces*, ed. by Gillian Ramchand and Charles Reiss, 289–324, Oxford University Press, Oxford.

Emonds, Joseph (1976) *A Transformational Approach to English Syntax: Root, Structure Preserving and Local Transformations*, Academic Press, New York.

Halle, Morris (1973) "Prolegomena to a Theory of Word Formation," *Linguistic Inquiry* 4, 3-16.

Halle, Morris and Alec Marantz (1993) "Distributed Morphology and the Pieces of Inflection," *The View from Building 20: Essays in Linguistics in Honor of Sylvain Bromberger*, ed. by Kenneth Hale and Samuel J. Keyser, 111-176, MIT Press, Cambridge, MA.

Harley, Heidi (2006) *English Words: A Linguistic Introduction*, Blackwell, Oxford.

Harley, Heidi and Rolf Noyer (1999) "Distributed Morphology," *Glot International* 4.4, 3-9.

Huddleston, Rodney and Geoffrey K. Pullum (2002) *The Cambridge Grammar of the English Language*, Cambridge University Press, Cambridge.

伊藤たかね・杉岡洋子 (2002) 『語の仕組みと語形成』研究社, 東京.

Johnston, Michael and Federica Busa (1999) "Qualia Structure and the Compositional Interpretation of Compounds," *Breadth and Depth of Semantic Lexicons*, ed. by Evelyne Viegas, 167-187, Springer, Dordrecht.

影山太郎 (1993) 『文法と語形成』ひつじ書房, 東京.

影山太郎 (1997) 「形態論とレキシコン」『日英語対照による英語学概論 (増補版)』, 西光義弘 (編), 47-96, くろしお出版, 東京.

影山太郎 (1999) 『形態論と意味』くろしお出版, 東京.

影山太郎 (2000) 「自他交替の意味的メカニズム」『日英語の自他の交替』, 丸田忠雄・須賀一好 (編), 33-70, ひつじ書房, 東京.

Kageyama, Taro (2016) "Noun-Compounding and Noun-Incorporation," *Handbook of Japanese Lexicon and Word Formation*, ed. by Taro Kageyama and Hideki Kishimoto, 237-272, De Gruyter Mouton, Berlin.

影山太郎・由本陽子 (1997) 『語形成と概念構造』研究社, 東京.

Kiparsky, Paul (1982) "Lexical Morphology and Phonology," *Linguistics in the Morning Calm: Selected Papers from SICOL-1981*, ed.

by In-Seok Yang, 3–91, Hanshin, Seoul.

Kiparsky, Paul (1983) "Word-Formation and the Lexicon," *Proceedings of the 1982 Mid-America Linguistics Conference*, ed. by Frances Ingemann, 3–29, University of Kansas, Lawrence.

窪薗晴夫 (1995)『語形成と音韻構造』くろしお出版, 東京.

Lakoff, George and Mark Johnson (1980) *Metaphors We Live By*, University of Chicago Press, Chicago.

Levi, Judith N. (1978) *The Syntax and Semantics of Complex Nominals*, Academic Press, New York.

Levin, Beth and Rappaport Hovav (1988) "Non-event -*er* Nominals: A Probe into Argument Structure," *Linguistics* 26, 1067–1083.

Lieber, Rochelle (2010) *Introducing Morphology*, Cambridge University Press, Cambridge.

Marantz, Alec (1988) "Clitics, Morphological Merger, and the Mapping to Phonological Structure," *Theoretical Morphology: Approaches in Modern Linguistics*, ed. by Michael Hammond and Michael Noonan, 253–270, Academic Press, San Diego.

Marantz, Alec (1994) "Cat as a Phrasal Idiom," ms., MIT.

Marantz, Alec (1997) "No Escape from Syntax: Don't Try Morphological Analysis in the Privacy of Your Own Lexicon," *University of Pennsylvania Working Papers in Linguistics* 4, 201–225.

Marantz, Alec (2013) "Locality Domains for Contextual Allomorphy across the Interfaces," *Distributed Morphology Today: Morphemes for Morris Halle*, ed. by Ora Matushansky and Alec Marantz, 95–113, MIT Press, Cambridge, MA.

Marchand, Hans (1955) "Synchronic Analysis and Word-Formation," *Cahiers Ferdinand de Saussure* 13, 7–18.

宮島達夫 (1973)「無意味形態素」『ことばの研究 第4集』, 国立国語研究所 (編), 15–30, 秀英出版, 東京.

Mohanan, Karuvannur P. (1982) *Lexical Phonology*, Doctoral dissertation, MIT.

中村浩一郎・西原哲雄 (2023)『ブックレット統語論・文法論概説』開拓社, 東京.

並木崇廉 (2013)「形態論」『日英対照 英語学の基礎』, 三原健一・高見

健一（編），31-59，くろしお出版，東京．

西川盛雄 (2006)『英語接辞研究』開拓社，東京．

Otsu, Yukio (1980) "Some Aspects of Rendaku in Japanese and Related Problems," *MIT Working Papers in Linguistics* 2: *Theoretical Issues in Japanese Linguistics*, ed. by Yukio Otsu and Ann Farmer, 207-228, Cambridge, MA.

Perlmutter, David (1988) "The Split Morphology Hypothesis: Evidence from Yiddish," *Theoretical Morphology: Approaches in Modern Linguistics*, ed. by Michael Hammond and Michael Noonan, 79-100, Academic Press, San Diego.

Pesetsky, David (1995) *Zero Syntax: Experiencers and Cascades*, MIT Press, Cambridge, MA.

Plag, Ingo (2003) *Word-Formation in English*, Cambridge University Press, Cambridge.

Pollock, Jean-Yves (1989) "Verb Movement, Universal Grammar, and the Structure of IP," *Linguistic Inquiry* 20, 365-424.

Pustejovsky, James (1995) *The Generative Lexicon*, MIT Press, Cambridge, MA.

Rappaport Hovav, Malka and Beth Levin (1992) "*-er* Nominals: Implications for the Theory of Argument Structure," *Syntax and Semantics* 26: *Syntax and the Lexicon*, ed. by Tim Stowell and Eric Wehrli, 127-153, Academic Press, San Diego.

Roberts, Ian (2001) "Head Movement," *The Handbook of Contemporary Syntactic Theory*, ed. by Mark Baltin and Chris Collins, 113-147, Blackwell, Oxford.

Roeper, Thomas and Muffy Siegel (1978) "A Lexical Transformation for Verbal Compounds," *Linguistic Inquiry* 9, 199-260.

Selkirk, Elizabeth (1982) *The Syntax of Words*, MIT Press, Cambridge, MA.

瀬田幸人・保阪靖人・外池滋生・中島平三 (2010)『［入門］ことばの世界』大修館書店，東京．

瀬戸賢一 (1997)『認識のレトリック』海鳴社，東京．

Shibatani, Masayoshi (1990) *The Languages of Japan*, Cambridge University Press, Cambridge.

島村礼子 (1990)『英語の語形成とその生産性』リーベル出版, 東京.

島村礼子 (2014)『語と句と名付け機能――日英語の「形容詞＋名詞」形を中心に――』開拓社, 東京.

Siegel, Dorothy (1974) *Topics in English Morphology*, Doctoral dissertation, MIT.

Smith, Peter, Beata Moskal, Ting Xu, Jungmin Kang and Jonathan David Bobaljik (2019) "Case and Number Suppletion in Pronouns," *Natural Language & Linguistic Theory* 37, 1029-1101.

Suárez, Jorge A. (1983) *The Mesoamerican Indian Languages*, Cambridge University Press, Cambridge.

杉岡洋子 (2005)「名詞化接辞の機能と意味」『現代形態論の潮流』, 大石強, 西原哲雄, 豊島庸二 (編), 75-94, くろしお出版, 東京.

高橋勝忠 (2009)『派生形態論』英宝社, 東京.

Travis, Lisa (1984) *Parameters and Effects of Word Order Variation*, Doctoral dissertation, MIT.

Tsujimura, Natsuko (2013) *An Introduction to Japanese Linguistics,* 3rd ed., Wiley-Blackwell, Oxford.

Williams, Edwin (1981) "On the Notions 'Lexically Related' and 'Head of a Word'," *Linguistic Inquiry* 12, 245-274.

# 索　引

1. 日本語は五十音順に並べ，英語（で始まるもの）は ABC 順で最後に一括してある。
2. 数字はページ数字を示し，n は脚注を表す。

## ［あ行］

愛称化　43
異義語　118
異形態　110
一次複合語　62
異分析　41
意味の透明性　72
オノマトペ　74n, 133
音韻素性　104
音象徴　74n
（音声的）具現化　109

## ［か行］

下位語　28
外項　84
外心複合語　54
下位範疇化　54
外来語　133
拡大順序付け仮説　60
格フィルター　121
頭文字化　46
かばん形態　15

かばん語　44
環境　110
環境に依存して出現する異形態　110
漢語　133
冠名語　41
慣用句　20, 119n
機能形態素　105
機能範疇　105
逆形成　45
究極構成素　49
競合　112
局所領域　118
空所化　11
屈折　3, 24n, 98
屈折語 (inflected word)　6
屈折語 (inflectional language)　13
屈折接辞　3
句由来複合語　29
クランベリー形態素　22
敬語　123
形式意味論　74
形態素　1

形態的類型論　13
形態論　1, 104
語　1
語彙意味論　73
語彙音韻論　60
語彙化　72
語彙概念構造　84
語彙主義　102
語彙挿入　104
語彙的複合語　136
語彙の阻止　60
語彙範疇　105
語彙部門　5
語彙分解　84
項　62
項構造　84
合成語　6
構成性の原理　8
拘束形態素　2
膠着語　13
語基　2
語の形態的緊密性　13
孤立語　13
混成　44

## [さ行]

再調整規則　110
恣意性　74
時制形態素　119
借用　24n
自由形態素　2
主題　121
主要部　50

主要部移動　68, 99
主要部降下　100n
助長手段　87
所有複合語　29
新古典複合語　6, 31
生産性　24
生成語彙論　77
接辞　2
接辞付加　2
接頭辞　3
接尾辞　3
ゼロ接辞　38
ゼロ派生　38
「そうする」置き換え　136
素性　102

## [た行]

第一姉妹の法則　64
第一投射の条件　65
対比関係にある要素の複合語　134
大母音推移　36
代名詞化　12
単一駆動仮説　102
短縮　42
単純語　6
中核強勢規則　8
重複　33
直接構成素　49
定項　92
適用形　68
転換　38
等位複合語　28

道具　93
統語意味素性　104
統語的複合語　136
統語部門　5
統語論　7
統語論と形態論の接点　116
動作主　121
動作主動詞　94
動詞型複合語　63
頭字語　46
動詞と動詞の複合語　135
特質構造　78

[な行]

内項　84
内心複合語　54
内包仮説　126
名付け　74
二次複合語　63
認知意味論　75

[は行]

媒介手段　87
派生　3, 33, 97
派生語　6, 33
派生接辞　3
反語彙主義　96
範疇決定子　106
非該当形　113
非生産的レキシコン　102
非対格動詞　63
非能格動詞　63

付加詞　134
不完全指定　112
複合　25
複合語　6, 26
複合語規則　8
物材　93
部分集合の原理　112
分散形態論　96
文法的環境に依存した異形態　110
併合　69, 98
変項　85
編入　16, 68
抱合語　13
包摂関係　28
補充形　122

[ま行]

右側主要部の規則　51, 107n
名詞型複合語　62
名詞と形容詞の複合語　135
名詞と名詞の複合語　135
名詞と動詞の複合語　135
メタファー　76
メトニミー　29, 77

[や行・ら行・わ行]

融合　100n
略語　46
レキシニン　72
レベル順序付けの仮説　57
連結形　7, 31

連濁　134
和語　133

[英語]

AAA　124
AAB　125

*ABA　116
ABB　124
ABC　125
IS A の条件　52, 80
$\sqrt{\text{Root}}$　105
$\sqrt{\text{Root}}$ 仮説　107

## 【編者・著者紹介】

**西原 哲雄**（にしはら　てつお）

1961年生まれ。追手門学院大学国際学部教授。専門分野は，音声学，音韻論，形態論など。主要業績：*Voicing in Japanese*（共著・共編, Mouton de Gruyter, 2005），*Lingua: Morphological Variation in Japanese*（共著・共編, Elsevier, 2010），『言語学入門』（朝倉日英対照言語学シリーズ，共著・編集，朝倉書店，2012），『形態論と言語学諸分野とのインターフェイス』（編集，共著，開拓社，2021），『ブックレット統語論・文法論概説』（共著，開拓社，2023）など。

**工藤 和也**（くどう　かずや）

1982年生まれ。龍谷大学経済学部准教授。専門分野は，語彙意味論，統語論，形態論。主要業績："Quantification into CIs: Reduplicated Indeterminate Pronouns in Japanese"（*Japanese/Korean Linguistics* 28, 2021），"On the Adjectivalizer *-si* in the Reduplicated and Deverbal Adjectives in Japanese"（*CLS* 58, 2023, co-authored），『レキシコン研究の新視点——統語・語用と語の意味の関わり——』（共編著，開拓社，2024）など。

**依田 悠介**（よだ　ゆうすけ）

東洋学園大学グローバル・コミュニケーション学部教授。専門分野は，理論言語学，形態統語論，分散形態論。主要業績："Subject Orientation as a Result of Absence of $\phi$-feature"（*Proceedings of WAFL* 15, 2021），"Removing Accusative Marked Object from Verbal Root: A Case of Motion Verb in Japanese"（*Japanese/Korean Linguistics* 28, 2021），『文』（英文法用語大事典シリーズ 1, 共著，開拓社，2023），"Clausal Nominalization and Embedded Questions in Japanese"（*Glossa* 9, 2024, co-authored）など。

## ブックレット形態論概説

2025 年 2 月 14 日　第 1 版第 1 刷発行

| 編　者 | 西原哲雄 |
|---|---|
| 著作者 | 工藤和也・依田悠介 |
| 発行者 | 武村哲司 |
| 印刷所 | 日之出印刷株式会社 |

発行所　株式会社　開拓社

〒112-0003　東京都文京区春日 2-13-1
電話　(03) 6801-5651（代表）
振替　00160-8-39587
https://www.kaitakusha.co.jp

Ⓒ 2025 T. Nishihara et al.　　　　　ISBN978-4-7589-1345-4　C1380

**JCOPY** ＜出版者著作権管理機構　委託出版物＞

本書の無断複製は著作権法上での例外を除き禁じられています。複製される場合は，そのつど事前に，出版者著作権管理機構（電話 03-5244-5088, FAX 03-5244-5089, e-mail: info@jcopy.or.jp）の許諾を受けてください。